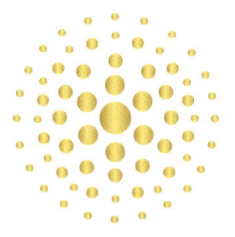

바로보인

전傳등燈록錄

22

농선 대원 역저

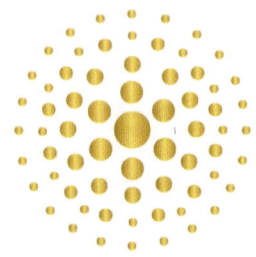

이 원상은 농선 대원 선사님께서 직접 그리신 것으로 모든 불성
이 서로 상즉해 공존하는 원리를 담은 것이다.

선 심(禪心)

누리 삼킨 참나를
낙화(落花)로 자각(自覺)
떨어지는 물소리로 웃고 가는 길
돌에서 꽃에서도 님이 맞는다

 정맥 선원의 문젠 마크는 농선 대원 선사님께서 마음을 상징하는 달(moon)과 그 마음을 깨달아 마음이 내가 된 삶인 선(zen)을 평화의 상징인 비둘기로 형상화하신 것이다.

교조 석가모니 부처님과
부처님으로부터 직계로 내려온
불조정맥 78대 조사들의
진영과 전법게

 불조정맥

　불조정맥이란 석가모니 부처님으로부터 현 78대 조사에 이르기까지 스승에게 깨달음의 인증인 인가를 받아 법을 전하라는 부촉을 받은 전법선사의 맥이다. 여기에 실린 불조진영과 전법게는 농선 대원 선사님께서 다년간 수집 정리하여 기도와 관조 끝에 완성하여 수립하신 것이다. 각 선사의 진영과 함께 실린 전법게는 스승으로부터 직접 전해 받은 게송이다. 단, 석가모니 부처님 진영에 실린 게송은 석가모니 부처님의 게송이다.

교조 석가모니 부처님

환화라고 하는 것 근본 없어 생긴 적도 없어서　　幻化無因亦無生
모두가 스스로 이러-해서 본다 함도 이러-하네　　皆則自然見如是
모든 법도 스스로 화한 남, 아닌 것이 없어서　　　諸法無非自化生
환화라 하지만 남이 없어 두려워할 것도 없네　　　幻化無生無所畏

제1조   마하가섭 존자

법이라는 본래 법엔 법이랄 것 없으나 　法本法無法
법이랄 것 없다는 법, 그 또한 법이라 　　無法法亦法
이제 법이랄 것 없음을 전해줌에 　　　　今付無法時
법이라는 법인들 그 어찌 법이랴 　　　　法法何曾法

제2조   아난다 존자

법이란 법 본래의 법이라 　　　　　　　法法本來法
법도 없고 법 아님도 없으니 　　　　　　無法無非法
어떻게 온통인 법 가운데 　　　　　　　何於一法中
법 있으며 법 아닌 것 있으랴 　　　　　有法有非法

제3조   상나화수 존자

본래의 법 전함이 있다 하나 　　　　　　本來付有法
전한 말에 법이랄 것 없다 했네 　　　　付了言無法
각자가 스스로 깨달으라 　　　　　　　各各須自悟
깨달으면 법 없음도 없다네 　　　　　　悟了無無法

제4조   우바국다 존자

법 아니고 마음도 아니어서 　　　　　　非法亦非心
맘이랄 것, 법이랄 것 없나니 　　　　　無心亦無法
마음이다, 법이다 설할 때는 　　　　　　說是心法時
그 법은 마음법이 아니로다 　　　　　　是法非心法

제5조   제다가 존자

마음이란 스스로인 본래의 마음이니 　　心自本來心
본래의 마음에는 법 있는 것 아니로다 　本心非有法
본래의 마음 있고 법이란 것 있다 하면 　有法有本心
마음도 아니요 본래 법도 아니로다 　　非心非本法

제6조 미차가 존자

본래의 마음법을 통달하면	通達本心法
법도 없고, 법 아님도 없도다	無法無非法
깨달으면 깨닫기 전과 같아	悟了同未悟
마음이니, 법이니 할 것 없네	無心亦無法

제7조 바수밀 존자

맘이랄 것 없으면 얻음도 없어서	無心無可得
설함에 법이라 이름할 것도 없네	說得不名法
만약에 맘이라 하면 마음 아님 깨달으면	若了心非心
비로소 마음인 마음법 안다 하리	始解心心法

제8조 불타난제 존자

가없는 마음으로	心同虛空界
가없는 법 보이니	示等虛空法
가없음을 증득하면	證得虛空時
옳고 그른 법이 없다	無是無非法

제9조 복타밀다 존자

허공이 안팎 없듯	虛空無內外
마음법도 그러하다	心法亦如此
허공이치 요달하면	若了虛空故
진여이치 통달하네	是達眞如理

제10조 파율습박(협) 존자

진리란 본래에 이름할 수 없으나	眞理本無名
이름에 의하여 진리를 나타내니	因名顯眞理
받아 얻은 진실한 법이라고 하는 것	受得眞實法
진실도 아니요, 거짓도 아니로세	非眞亦非僞

제11조　부나야사 존자

참된 몸 스스로 이러-히 참다우니	眞體自然眞
참됨을 설함으로 인해 진리란 것 있다 하나	因眞說有理
참답게 참된 법을 깨달아 얻으면	領得眞眞法
베풀 것도 없으며 그칠 것도 없다네	無行亦無止

제12조　아나보리(마명) 존자

미혹과 깨침이란 숨음과 드러남 같다 하나	迷悟如隱顯
밝음과 어둠이 서로가 여읠 수 없는 걸세	明暗不相離
이제 숨음이 드러난 법 부촉한다지만	今付隱顯法
하나도 아니요, 둘도 또한 아니로세	非一亦非二

제13조　가비마라 존자

숨었느니 드러났느니 하지만 본래의 법에는	隱顯卽本法
밝음과 어두움이 원래에 둘 아니라	明暗元不二
깨달아 마친 법을 전한다고 하지만	今付悟了法
취함도 아니요, 여읨도 아니로세	非取亦非離

제14조　나가르주나(용수) 존자

숨을 수도, 드러날 수도 없는 법이라 함	非隱非顯法
이것이 참다운 실제를 말함이니	說是眞實際
숨음이 드러난 법 깨달았다 하나	悟此隱顯法
어리석음도 아니요 지혜로움도 아니로다	非愚亦非智

제15조　가나제바 존자

숨었느니 드러났느니 하면 법에 밝다 하랴	爲明隱顯法
밝게 해탈의 이치를 설하려면	方說解脫理
저 법에 증득한 바도 없는 마음이어야 하니	於法心不證
성낼 것도 없으며 기쁠 것도 없다네	無嗔亦無喜

제16조　라후라타 존자

본래에 법을 전할 사람 대해	本對傳法人
해탈의 진리를 설하나	爲說解脫理
법엔 실로 증득한 바 없어서	於法實無證
마침도 비롯함도 없느니라	無終亦無始

제17조　승가난제 존자

법에는 진실로 증득한 바 없어서	於法實無證
취함도 없으며 여읨도 없느니라	不取亦不離
법에는 있다거나 없다는 상도 없거늘	法非有無相
안이니 밖이니 어떻게 일으키리	內外云何起

제18조　가야사다 존자

맘 바탕엔 본래에 남 없거늘	心地本無生
바탕의 인, 연을 쫓아 일으키나	因地從緣起
연과 종자 서로가 방해 없어	緣種不相妨
꽃과 열매 그 또한 그러하네	華果亦復爾

제19조　구마라다 존자

마음의 바탕에 지닌 종자 있음에	有種有心地
인과 연이 능히 싹 나게 하지만	因緣能發萌
지 연에 시로가 걸림이 없이시	於緣不相礙
마땅히 난다 해도 남이 남 아니로세	當生生不生

제20조　사야다 존자

성품에는 본래에 남 없건만	性上本無生
구하는 사람 대해 설할 뿐	爲對求人說
법에는 얻은 바 없거늘	於法旣無得
어찌 깨닫고, 깨닫지 못함을 둘 것인가	何懷決不決

제21조　바수반두 존자

말 떨어지자마자 무생에 계합하면	言下合無生
저 법계와 성품이 함께 하리니	同於法界性
만일 능히 이와 같이 깨친다면	若能如是解
궁극의 이변 사변 통달하리	通達事理竟

제22조　마노라 존자

물거품과 환 같아 걸릴 것도 없거늘	泡幻同無礙
어찌하여 깨달아 마치지 못했다 하는가	如何不了悟
그 가운데 있는 법을 통달하면	達法在其中
지금도 아니요, 옛 또한 아니니라	非今亦非古

제23조　학륵나 존자

마음이 만 경계를 따라서 구르나	心隨萬境轉
구르는 곳마다 실로 능히 그윽함에	轉處實能幽
성품을 깨달아서 흐름을 따르면	隨流認得性
기쁠 것도 없으며 근심할 것도 없네	無喜亦無憂

제24조　사자보리 존자

마음의 성품을 깨달음에	認得心性時
사의할 수 없다고 말하나니	可說不思議
깨달아 마쳐서는 얻음 없어	了了無可得
깨달아선 깨달았다 할 것 없네	得時不說知

제25조　바사사다 존자

깨달음의 지혜를 바르게 설할 때에	正說知見時
깨달음의 지혜란 이 마음에 갖춘 바라	知見俱是心
지금의 마음이 곧 깨달음의 지혜요	當心卽知見
깨달음의 지혜가 곧 지금의 함일세	知見卽于今

제26조 불여밀다 존자

성인이 말하는 지견은	聖人說知見
경계를 맞아서 시비 없네	當境無是非
나 이제 참성품 깨달음에	我今悟眞性
도랄 것도, 이치랄 것도 없네	無道亦無理

제27조 반야다라 존자

맘 바탕에 참성품 갖췄으나	眞性心地藏
머리도, 꼬리도 없으니	無頭亦無尾
인연 응해 만물을 교화함을	應緣而化物
지혜라고 하는 것도 방편일세	方便呼爲智

제28조 보리달마 존자

마음에서 모든 종자 냄이여	心地生諸種
일(事)로 인해 다시 이치 나느니라	因事復生理
두렷이 보리과가 원만하니	果滿菩提圓
세계를 일으키는 꽃 피우리	華開世界起

제29조 신광 혜가 대사

내가 본래 이 땅에 온 것은	吾本來此土
법을 전해 중생을 구함일세	傳法救迷情
한 송이에 다섯 꽃잎 피리니	一花開五葉
열매 맺음 자연히 이뤄지리	結果自然成

제30조 감지 승찬 대사

본래의 바탕에 연 있으면	本來緣有地
바탕의 인에서 종자 나서 꽃핀다 하나	因地種華生
본래엔 종자가 있은 적도 없어서	本來無有種
꽃핀 적도 없으며 난 적도 없다네	華亦不曾生

제31조 대의 도신 대사

꽃과 종자 바탕으로 인하니	華種雖因地
바탕을 쫓아서 종자와 꽃을 내나	從地種華生
만약에 사람이 종자 내림 없으면	若無人下種
꽃 없어 바탕에 꽃핀 적도 없다 하리	華地盡無生

제32조 대만 홍인 대사

꽃과 종자 성품에서 남이라	華種有生性
바탕으로 인해서 나고 꽃피우니	因地華生生
큰 연과 성품이 일치하면	大緣與性合
그 남은 나도 남 아니로세	當生生不生

제33조 대감 혜능 대사

정 있어 종자를 내림에	有情來下種
바탕 인해 결과 내어 영위하나	因地果還生
정이랄 것도 없고 종자랄 것도 없어서	無情旣無種
만물의 근원인 도의 성품엔 또한 남도 없네	無性亦無生

제34조 남악 회양 전법선사

마음의 바탕에 모든 종자 머금어져	心地含諸種
널리 비 내림에 모두 다 싹트도다	普雨悉皆生
단박에 깨달아 정을 다한 꽃피움에	頓悟華情已
보리의 과위가 스스로 이뤄졌네	菩提果自成

제35조 마조 도일 전법선사

마음의 바탕에 모든 종자 머금어져	心地含諸種
비와 이슬 만남에 모두 다 싹이 트나	遇澤悉皆萌
삼매의 꽃핌이라 형상이 없거늘	三昧華無相
무엇이 무너지고 무엇이 이뤄지랴	何壞復何成

제36조　백장 회해 전법선사

마음 외에 본래에 다른 법이 없거늘　　　心外本無法
부족함이 있다 하면 마음법이 아닐세　　有付非心法
원래에 마음법 없음을 깨달은　　　　　既知非法心
이러-한 마음법을 그대에게 부촉하네　　如是付心法

제37조　황벽 희운 전법선사

본래에 말로는 부촉할 수 없는 것을　　本無言語囑
억지로 마음의 법이라 전함이니　　　　強以心法傳
그대가 원래에 받아 지닌 그 법을　　　汝既受持法
마음의 법이라고 다시 어찌 말하랴　　心法更何言

제38조　임제 의현 전법선사

마음의 법 있으면 병이 있고　　　　　病時心法在
마음의 법 없으면 병도 없네　　　　　不病心法無
내 부촉한 마음의 법에는　　　　　　吾所付心法
마음의 법 있는 것 아니로세　　　　不在心法途

제39조　흥화 존장 전법선사

지극한 도는 간택함이 없으니　　　　至道無揀擇
본래의 마음이라 향하고 등짐이 없느니라　本心無向背
이 삶을 감당해 이으려는가?　　　　便如此承當
봄바람에 곤한 잠을 더하누나　　　　春風增瞌睡

제40조　남원 혜옹 전법선사

대도는 온통 맘에 있다지만　　　　　大道全在心
맘에 구함 있으면 그르치네　　　　　亦非在心求
그대에게 부촉한 자심의 도에는　　　付汝自心道
기쁨도 근심도 없느니라　　　　　　無喜亦無憂

제41조　풍혈 연소 전법선사

나 이제 법 없음을 말하노니　　　　　　我今無法說
말한 바가 모두 다 법 아니라　　　　　　所說皆非法
법 없는 법 지금에 부촉하니　　　　　　今付無法法
이 법에도 머무르지 말아라　　　　　　不可住于法

제42조　수산 성념 전법선사

말한 적도 없어야 참법이니　　　　　　無說是眞法
이 말함은 원래에 말함 없네　　　　　　其說元無說
나 이제 말한 적도 없을 때　　　　　　我今無說時
말함이라 말한들 말함이랴　　　　　　說說何曾說

제43조　분양 선소 전법선사

예로부터 말함 없음 부촉했고　　　　　自古付無說
지금의 나 또한 말함 없네　　　　　　我今亦無說
다만 이 말함 없는 마음을　　　　　　只此無說心
모든 부처 다 같이 말한 바네　　　　　諸佛所共說

제44조　자명 초원 전법선사

허공이 형상이 없다 하나　　　　　　虛空無形像
형상도, 허공도 아닐세　　　　　　　形像非虛空
내 부촉한 마음의 법이란　　　　　　我所付心法
공도 공한 공이어서 공 아닐세　　　　空空空不空

제45조　양기 방회 전법선사

허공이 면목이 없듯이　　　　　　　虛空無面目
마음의 상 또한 이와 같네　　　　　心相亦如然
곧 이렇게 비고 빈 마음을　　　　　卽此虛空心
높은 중에 높다고 하는 걸세　　　　可稱天中天

제46조　백운 수단 전법선사

마음의 본체가 허공같아	心體如虛空
법 또한 허공처럼 두루하네	法亦遍虛空
허공 같은 이치를 증득하면	證得虛空理
법도 아니요, 공한 맘도 아니로세	非法非心空

제47조　오조 법연 전법선사

도에는 나라는 나 원래 없고	道我元無我
도에는 맘이란 맘 원래 없네	道心元無心
오직 이 나라 함도 없는 법으로	唯此無我法
나라 함 없는 맘에 일체하네	相契無我心

제48조　원오 극근 전법선사

참나에는 본래에 맘이랄 것 없으며	眞我本無心
참마음엔 역시나 나랄 것 없으나	眞心亦無我
이러-히 참답게 참마음에 일체되면	契此眞眞心
나를 나라 한들 어찌 거듭된 나겠는가	我我何曾我

제49조　호구 소륭 전법선사

도 얻으면 자재한 마음이고	得道心自在
도 얻지 못하면 근심이라 하나	不得道憂惱
본래의 마음의 노 부촉함에	付汝自心道
기쁨도, 근심도 없느니라	無喜亦無惱

제50조　응암 담화 전법선사

맑던 하늘 구름 덮인 하늘 되고	天晴雲在天
비 오더니 젖어있는 땅일세	雨落濕在地
비밀히 마음을 부촉함이여	秘密付與心
마음법이란 다만 이것일세	心法只這是

제51조   밀암 함걸 전법선사

부처님은 눈으로써 별을 보고	佛用眼觀星
난 귀로써 소리를 들었도다	我用耳聽聲
나의 함이 부처님의 함과 같아	我用與佛用
내 밝음이 그대의 밝음일세	我明汝亦明

제52조   파암 조선 전법선사

부처와 더불어 중생의 보는 것이	佛與衆生見
원래 근본 부처인데 금 그은들 바뀌랴	元本佛隔線
그대에게 부촉한 본연의 마음법에는	付汝自心法
깨닫고 깨닫지 못함도 없느니라	非見非不見

제53조   무준 사범 전법선사

내가 만약 봄이 없다 할 때에	我若不見時
그대 응당 봄이 없이 보아라	汝應不見見
봄에 봄 없어야 본연의 봄이니	見見非自見
본연의 마음이 언제나 드러났네	自心常顯現

제54조   설암 혜랑 전법선사

진리는 곧기가 거문고줄 같다는데	眞理直如絃
어떻게 침묵이나 말로 다시 할 것인가	何默更何言
나 이제 그대에게 공교롭게 부촉하니	我今善付囑
밝힌 마음 본래에 얻음이 없는 걸세	表心本無得

제55조   급암 종신 전법선사

사람에겐 미혹하고 깨달음이 본래 없는데	本無迷悟人
미했느니 깨쳤느니 제 스스로 분별하네	迷悟自家計
젊어서 깨달았다 말이나 한다면	記得少壯時
늙어서까지라도 깨닫지 못할 걸세	而今不覺老

제56조   석옥 청공 전법선사

이 마음이 지극히 광대하여	此心極廣大
허공에 비할 수도 없다네	虛空比不得
이 도는 다만 오직 이러-하니	此道只如是
밖으로 찾음 쉬어 받아 지녔네	受持休外覓

제57조   태고 보우 전법선사

지극히 큰 이것인 이 마음과	至大是此心
지극히 성스러운 이것인 이 법이라	至聖是此法
등불과 등불의 광명처럼 나뉨 없음	燈燈光不差
이 마음 스스로가 통달해 마침일세	了此心自達

제58조   환암 혼수 전법선사

마음 중의 본연의 마음과	心中有自心
법 중의 지극한 법을	法中有至法
내가 지금 부촉한다 하나	我今可付囑
마음법엔 마음법이라 함도 없네	心法無心法

제59조   구곡 각운 전법선사

온통인 도, 마음의 광명이라 할 것도 없으나	一道不心光
과거, 현재, 미래와 시방을 밝힘일세	三際十方明
어떻게 지극히 분명한 이 가운데	何於明白中
밝음과 밝지 않음 있다고 하리오	有明有不明

제60조   벽계 정심 전법선사

나 지금 법 없음을 부촉하고	我無法可付
그대는 무심으로 받는다 하나	汝無心可受
전함 없고 받음 없는 맘이라면	無付無受心
누구라도 성취하지 못했다 하랴	何人不成就

제61조 벽송 지엄 전법선사

마음이 곧 깨달음의 마음이요	心卽能知心
법이 곧 깨달음의 법이라	法卽可知法
마음법을 마음법이라 전한다면	法心付法心
마음도, 법도 아닐세	非心亦非法

제62조 부용 영관 전법선사

조사와 조사가 법 없음을 부촉한다 하나	祖祖無法付
사람과 사람마다 본래 스스로 지님일세	人人本自有
그대는 부촉함도 없는 법을 받아서	汝受無付法
긴요히 뒷날에 전하도록 하여라	急着傳於後

제63조 청허 휴정 전법선사

참성품은 본래에 성품이라 할 것 없고	眞性本無性
참법은 본래에 법이라 할 것 없네	眞法本無法
법이니 성품이니 할 것 없음 깨달으면	了知無法性
어떠한 곳엔들 통달하지 못하랴	何處不通達

제64조 편양 언기 전법선사

법도 아니고 법 아님도 아니고	非法非非法
성품도 아니고 성품 아님도 아니며	非性非非性
마음도 아니고 마음 아님도 아님이	非心非非心
그대에게 부촉하는 궁극의 마음법일세	付汝心法竟

제65조 풍담 의심 전법선사

부처님이 전하신 꽃 드신 종지와	師傳拈花宗
내가 미소지어 보인 도리를	示我微笑法
친히 손수 그대에게 분부하니	親手分付汝
받들어 지녀 누리에 두루하게 하라	持奉遍塵刹

제66조 　월담 설제 전법선사

깨달아선 깨달은 바 없으며　　　得本無所得
전해서는 전함 또한 없느니라　　傳亦無可傳
전함도 없는 법을 부촉함이여　　今付無傳法
동서가 온통한 하늘일세　　　　東西共一天

제67조 　환성 지안 전법선사

전하거나 받을 법이 없어서　　　　無傳無受法
전하거나 받는다는 맘도 없네　　　無傳無受心
부촉하나 받은 바 없는 이여　　　　付與無受者
허공의 힘줄마저 뽑아서 끊었도다　擎斷虛空筋

제68조 　호암 체정 전법선사

연류에 따른 일단사여　　　　　沿流一段事
머리도 꼬리도 필경 없네　　　　竟無頭與尾
사자새끼인 그대에게 부촉하니　付與獅子兒
사자후 천지에 가득케 하라　　　哨吼滿天地

제69조 　청봉 거안 전법선사

서 가리켜 동에 그림이여　　　指西喚作東
풍악산의 뭇 봉우리로다　　　　楓嶽山衆峰
불조의 이러한 법을　　　　　　佛祖之此法
너에게 분부하노라　　　　　　　分付今日汝

제70조 　율봉 청고 전법선사

머리도 꼬리도 없는 도리　　　無頭尾道理
오늘 그대에게 전해주니　　　　今日傳授汝
이후로 보림을 잘 하여서　　　　此後善保任
영원히 끊어짐이 없게 하라　　　永遠無斷絶

제71조　금허 법첨 전법선사

그믐날 근원에 돌아간다 말했으나　　　晦日豫言爲還元
법신에 그 어찌 가고 옴이 있으랴　　　法身何有去與來
푸른 하늘 해 있고, 못 가운데 연꽃일세　日在靑天池中蓮
이 법을 분부하니 끊어짐이 없게 하라　此法分付無斷絶

제72조　용암 혜언 전법선사

'연꽃이 나왔다' 하여 보인 큰 도리를　　示出蓮之大道理
다시 또 뜰 밑 나무 가리켜 보여서　　　復亦指示庭下樹
후일의 크고 큰일 그대에게 부촉하니　　後日大事與咐囑
잘 지녀 보림하여 끊어짐 없게 하라　　保任善持無斷絶

제73조　영월 봉율 전법선사

사느니 죽느니 이 무슨 말들인고　　　　生也死也是何言
물밭엔 연꽃이고 하늘엔 해일세　　　　水田蓮花在天日
가없이 이러-해서 감출 수 없이 드러남　無邊無藏露如是
오늘 네게 분부하니 끊어짐 없게 하라　今日分付無斷絶

제74조　만화 보선 전법선사

봄산과 뜬구름을 동시에 보아라　　　　春山浮雲觀同時
중생들의 이익될 바 그 가운데 있느니라　普益衆生在其中
이 가운데 도리를 이제 네게 부촉하니　此中道理今付汝
계승해 끊임없이 번성케 할지어다　　　繼承無斷爲繁盛

제75조　경허 성우 전법선사

하늘의 뜬구름이 누설한 그 도리를　　　浮雲漏泄其道理
오늘날 선자에게 부촉하여 주노니　　　今日咐囑與禪子
철저하게 보림하여 모범을 보임으로　　保任徹底示模範
후세에 끊어짐이 없게 할 맘, 지니게나　後世無斷爲持心

제76조 만공 월면 전법선사

구름과 달,산과 계곡이라,곳곳에서 같음이여	雲月溪山處處同
선가의 나의 제자 수산의 큰 가풍일세	叟山禪子大家風
은근히 무문인을 그대에게 분부하니	慇懃分付無文印
이 기틀의 방편이 활안 중에 있노라	一段機權活眼中

제77조 전강 영신 전법선사

불조도 전한 바 없어서	佛祖未曾傳
나 또한 얻은 바 없음을…	我亦無所得
가을빛 저물어 가는 날에	此日秋色暮
뒷산의 원숭이가 울고 있네	猿嘯在後峰

제78대 농선 대원 전법선사

부처와 조사도 일찍이 전한 것이 아니거늘	佛祖未曾傳
나 또한 어찌 받았다 하며 준다 할 것인가	我亦何受授
이 법이 2천년대에 이르러서	此法二千年
널리 천하 사람을 제도하리라	廣度天下人

부처님으로부터 직계로 내려온 불조정맥 제78대 농선 대원 선사님

농선 대원 전법선사의 3대 서원

오로지 정법만을 깨닫기 서원합니다.
입을 열면 정법만을 설하기 서원합니다.
중생이 다하는 그날까지 교화하기 서원합니다.

성불사 국제정맥선원 대웅전

성불사 국제정맥선원은

농선 대원 선사님께서 주석하시는 곳으로

대원 선사님의 지도하에 비구스님들이

직접 지은 도량이다.

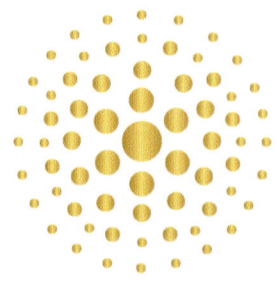

불교 8대 선언문

불교는 자신에게서 영생을 발견하게 한 유일한 종교이다.
불교는 자신에게서 모든 지혜를 발견하게 한 유일한 종교이다.
불교는 자신에게서 모든 능력을 발견하게 한 유일한 종교이다.
불교는 자신에게서 모든 것을 이루게 한 유일한 종교이다.
불교는 자신에게서 극락을 발견하게 한 유일한 종교이다.
불교는 깨달으면 차별 없어 평등하다는 유일한 종교이다.
불교는 모든 억압 없이 자신감을 갖게 한 유일한 종교이다.
불교는 그러므로 온 누리에 영원할 만인의 종교이다.

농선 대원 전법선사 주창

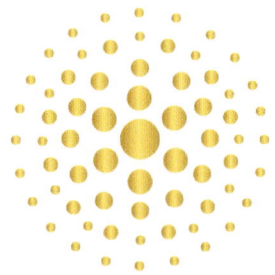

전세계의 불교계에서 통일시켜야 할 일

경전의 말씀대로 32상과 80종호를 갖춘 불상으로 통일해야 한다.

예불 드리는 법을 통일해야 한다.

불공의식을 통일해야 한다.

농선 대원 전법선사 주창

농선 대원 선사의 전등록 발간의 의의

선문(禪文)이란 말 밖의 말로 마음을 바로 가리켜 깨닫게 하여 그 깨달은 마음 바탕에서 닦아 불지(佛地)에 이르게 하는 문(門)이다. 그러기에 지식이나 알음알이로는 헤아려 알 수 없는 것이어서 깨달아 증득하여 일체종지(一切種智)를 이룬 이가 아니고는 그 요지를 바로 보아 이끌어 줄 수 없다.

지금 불교의 현실이 대본산 강원조차 이런 안목으로 이끌어 주는 선지식이 없어서 선종(禪宗) 최고의 공안집인 '전등록', '선문염송' 강의가 모두 폐강된 상황이다.

이에 대원 선사님께서는 불조(佛祖)의 요지가 말이나 글에 떨어져 생사해탈의 길이 단절되는 것을 염려하여 깨달음의 법을 선리(禪理)에 맞게 바로 잡는 역경 작업에 혼신을 다하고 계신다.

대원 선사님께서는 19세에 선운사 도솔암에서 활연대오한 후, 대선지식과의 법거량에서 한 치의 주저함도 없이 명쾌하게 응대하시니 당시 12대 선지식들께서 탄복해 마지않으셨다. 경봉 선사님과 조계종 지혜제일 전강 선사님과의 문답만을 보더라도 취모검과 같은 대원 선사님의 선지를 엿볼 수 있다.

맨 처음 통도사 경봉 선사님을 찾아뵈었을 때, 마침 늦가을 감나무에서 감을 따고 계신 경봉 선사님을 보자 감나무 주위를 한 번 돌고 서 있으니, 경봉 선사님께서 물으셨다.

"어디서 왔는가?"

"호남에서 왔습니다."

"무엇을 공부했는가?"

"선을 공부했습니다."

"무엇이 선이냐?"

"감이 붉습니다."

"네가 불법을 아는가?"

"알면 불법이 아닙니다."

위의 문답이 있은 후 경봉 선사님께서는 해제 법문을 대원 선사님께 맡기셨으나 대원 선사님께서는 아직 그럴 때가 아니라 여겨져 그 이튿날인 해제일 새벽 직전에 통도사를 떠나와 버리셨다.

또 광주 동광사에서 처음 전강 선사님을 뵈었을 때, 20대 초면의 젊은 승려인 대원 선사님께 전강 선사님께서 대뜸 '달마불식 도리'를 일러보라 하셨다. 대원 선사님께서 아무 말없이 다가가 전강 선사님의 목에 있는 점 위의 털을 뽑아 버리고 종무소로 가니, 전강 선사님께서 "여기 사람 죽이는 놈이 있다."하며 종무소까지 따라오다 방장실로 돌아가셨다.

그 이후 대원 선사님께서 군산 은적사에서 전강 선사님을 시봉하며 모시고 계실 때, 전강 선사님께서 또 물으셨다.

"공적의 영지를 일러라."

"이러-히 스님과 대담합니다."

"영지의 공적을 일러라."

"스님과 대담에 이러-합니다."

"이러-한 경지를 일러라."

"명왕은 어상을 내리지 않고 천하일에 밝습니다."

대원 선사님의 답에 전강 선사님께서는 희색이 만면해서 고개를 끄덕이며 당신 처소로 돌아가셨다.

이에 그치지 않고 전강 선사님께서 대구 동화사 조실로 계실 때, 대원 선사님께 말씀하셨다.

"대중들이 자네를 산으로 불러내어 그 중에 법성(조계종 종정 진제 스님)이 달마불식 도리를 일러보라 했을 때 '드러났다'라고 답했다는데, 만약에 자네가 양무제였다면 '모르오'라고 이르고 있는 달마 대사에게 어떻게 했겠는가?"

"제가 양무제였다면 '성인이라 함도 설 수 없으나 이러-히 짐의 덕화와 함께 어우러짐이 더욱 좋지 않겠습니까?' 하며 달마 대사의 손을 잡아 일으켰을 것입니다."

그러자 전강 선사님께서 탄복하며 말씀하셨다.

"어느새 그 경지에 이르렀는가?"

"이르렀다곤들 어찌하며 갖추었다곤들 어찌하며 본래라곤들 어찌하리까? 오직 이러-할 뿐인데 말입니다."

대원 선사님의 대답에 전강 선사님께서 크게 기뻐하셨다.

이와 같이 대원 선사님께서는 20대 초반에 이미 어떤 선지식의 물음에도 전광석화와 같이 답하셨으며 그 법을 씀이 새의 길처럼 흔적 없는 가운데 자유자재하셨다.

깨달음의 방편에 있어서는 육조 대사께서 마주 앉은 자리에서 사람들을 깨닫게 하셨듯이, 제자들을 제접해 직지인심(直指人心)으로 스스로의 마음에 사무쳐 들게 하여 근기에 따라 보림해 갈 수 있도록 이끌어주시니, 꺼져가는 정법의 기치를 바로 일으켜 세움이라 하겠다.

또한 선지식이라면 이변(理邊)에서 뿐만이 아니라 사변(事邊)에서도 먼 안목으로 인류가 무엇을 어떻게 대비하며 살아가야 할지를 예언하고 이끌어 주어야 한다고 하셨다.

그래서 1962년부터 주창하시기를, 전 세계가 21세기를 '사막 경영의 시대'로 삼아 사막화된 지역에 '사막 해수로 사업'을 하여 원하는 지역의 기후를 조절해야 하고, 자원을 소모하는 발전소 대신 파도, 태양열, 풍력 등의 대체 에너지와 무한 원동기를 개발해야 한다고 하셨다. 또, 도로를 발전소화하여 전기를 생산하는 방법 등을 구체적으로 제안하시고, 천재지변을 대비하여 각자의 집에서 농사를 짓는 '울안의 농법'을 연구하시는 등 만인이 더 나은 삶을 살 수 있는 길을 끊임없이 일러 주고 계신다.

  이와 같이 대원 선사님께서는 일체종지를 이룬 지혜로, '참나를 깨달아 마음이 내가 된 삶'을 위한 깨달음의 법으로부터 닥쳐오는 재난을 막고 지구를 가장 살기 좋은 세상으로 만드는 방편까지 늘 그 방향을 제시하고 계신다.

  한편, 불교의 최고 경전인 '화엄경 81권'을 완간하여 불보살님의 불가사의한 화엄세계를 열어 보이셨으며, 선문 최대의 공안집인 '선문염송 30권' 1,463칙에 대하여 석가모니 부처님 이래 최초로 전 공안을 맑은 물 밑바닥 보듯이 회통쳐 출간하셨다.

  이제 대원 선사님께서는 7불과 역대 조사들의 깨달음의 진수가 담긴 '전등록 30권'을 그런 혜안(慧眼)으로 조사마다 선리의 토끼뿔을 더해 닦아 증득할 수 있도록 밝혀 보이셨다. 그리하여 생사윤회길을 헤매는 중생들에게 해탈의 등불이 되고자 하셨으며, 불조(佛祖)의 정법이 후세에까지 끊어지지 않게 하여 부처님 은혜에 보답하고자 하셨다.

  부처님 가신 지 오래 되어 정법은 약하고 삿된 법이 만연한 지금, 중생이 다하는 날까지 중생을 구제하기 서원하는 대원 선사님과 같은 명안종사(明眼宗師)가 계심은 불보살님의 자비광명이 이 땅에 두루한 은덕이라 하겠다.

바로보인 불법 ㊸

전傳등燈록錄

22

도서출판 문젠(구, 바로보인)은 정맥선원에서 운영하고 있습니다.

* 인제산(人濟山) 성불사(成佛寺) 국제정맥선원
  경기도 포천시 내촌면 소리개길 86-178 ☎ 031-531-8805
* 인제산(人濟山) 이문절 포천정맥선원
  경기도 포천시 내촌면 소리개길 86-123 ☎ 031-531-2433
* 백양산(白楊山) 자모사(慈母寺) 부산정맥선원
  부산시 동래구 아시아드대로 114번길 10 대륙코리아나 2층 212호 ☎ 051-503-6460
* 자모산(慈母山) 육조사(六祖寺) 청도정맥선원
  경북 청도군 매전면 동산리 산 50 ☎ 010-4543-2460
* 광암산(光巖山) 성도사(成道寺) 광주정맥선원
  광주광역시 광산구 삼도광암길 34 ☎ 062-944-4088
* 대통산(大通山) 대통사(大通寺) 해남정맥선원
  전남 해남군 화산면 송계길 132-98 중정마을 ☎ 061-536-6366

바로보인 불법 ㊸

전 등 록 22

초판 1쇄 펴낸날 단기 4354년, 불기 3048년, 서기 2021년 12월 30일

역　　저　농선 대원 선사
펴 낸 곳　도서출판 문젠(Moonzen Press)
　　　　　11192, 경기도 포천시 내촌면 소리개길 86-178
　　　　　전화 031-534-3373 팩스 031-533-3387
신고번호　2010.11.24. 제2010-000004호

편집윤문출판　법심 최주희, 법운 정숙경
인디자인 전자출판　지일 박한재
한문원문대조　불장 곽병원
표 지 글 씨　춘성 박선옥
인　　　　쇄　북크림

도서출판문젠 www.moonzenpress.com
정 맥 선 원 www.zenparadise.com
사막화방지국제연대(IUPD) www.iupd.org

ⓒ 문재현, 2021. Printed in Seoul, Republic of Korea
값 15,000원
ISBN 978-89-6870-622-6
ISBN 978-89-6870-600-4 04220(전30권)

 서 문

전등록은 말 없는 말이며 말 밖의 말이라서 학식이나 재치만으로는 번역이 실로 불가능한 일이다. 그러기에 육조단경(六祖壇經)을 보면 법화경을 삼천 번이나 독송한 법달(法達)은 글 한 자 모르시는 육조(六祖)께 경의 뜻을 물었고, 글을 모르시는 육조께서는 법화경의 바른 뜻을 설파하셔서 법달을 깨닫게 하신 것이다.

그런데 하루는 본인에게 법을 물으러 다니시던 부산의 목원 하상욱 본연님이 오셔서 시중에 나온 전등록 번역본 두세 가지를 보이시며 범인인 당신에게도 부처님과 조사님들의 본래 뜻에 맞지 않는 대문이 군데군데 눈에 뜨인다며 바른 의역의 필요성을 절감한다고 하셨다. 그 후로 전등록 번역을 바로 해주십사 하는 간청이 지극하여 비록 단문하나 이 일을 시작하게 되었다.

부처님과 조사님들의 근본 뜻에 어긋남이 없게 하기 위해 노력하였으나 약속한 기간 내에 해내기란 실로 벅찬 일이어서 혹시 미비한 점이 없지 않으리니 강호 제현의 좋은 지적이 있기를 바란다.

불법(佛法)이란 본자연(本自然)이라 누가 설(說)하고 누가 듣고 배울 자리요만 그렇지 못한 이가 또한 있어서 부처님과 조사님들의 허물이 생기는 것이다.

어떤 것이 부처인고?
화분의 빨간 장미니라.

이 가운데 남전(南泉) 뜰꽃 도리(道理)며 한산(寒山) 습득(拾得)의 웃음을 누릴진저.

단기(檀紀) 4354년
불기(佛紀) 3048년
서기(西紀) 2021년

무등산인 농선 대원 분향근서
(無等山人 弄禪 大圓 焚香謹書)

양억(楊億)의 경덕전등록 서문

석가모니께서 일찍이 연등 부처님의 수기를 받아, 현겁(賢劫)의 보처(補處)가 되어 이 땅에 탄강하시고 법을 펴서 교화하시기가 49년이었으니 방편과 진리, 돈오(頓悟)와 점수(漸修)의 문호를 여시고, 헤아릴 수 없이 많은 다양한 교법을 내려 주셨다.

근기(根機)에 따라 진리를 깨닫게 하신 데서 삼승(三乘)의 차별이 생겼으니, 사물에 접하는 대로 중생을 이롭게 하여 한량없는 중생을 제도하셨다. 그 자비는 넓고 컸으며 그 법식(法式)은 두루 갖추어져 있었다.

쌍림(雙林)에서 열반에 드실 때 가섭(迦葉)에게만 유촉하신 것이 차츰차츰 전하여 달마에 이르러서 비로소 문자를 세우지 않고 마음의 근원을 곧바로 보이게 되었으니, 차례를 밟지 않고 당장에 부처의 경지에 오르게 되어 다섯 잎[1]이 비로소 무성하고 천 개의 등불[2]이 더욱 찬란하여서, 보배 있는 곳에 이른 이는 더욱 많고, 법의 바퀴를 굴린 이도 하나가 아니었다.

부처님께서 부촉하신 종지와 정법안장(正法眼藏)이 유통되는 도리는 교리 밖에서 따로 행해지는 불가사의(不可思議)한 것이다.

태조(太祖)께서 거룩하신 무력으로 전란을 진압하신 뒤에 사찰을 숭상하여 제도의 문을 활짝 여셨고, 태종(太宗)께서 밝으신 변재로 비밀한 법을 찬술하시어 참된 이치를 높이셨으며, 황상(皇上)[3]께서 높으신 학덕으로 조사의 뜻을 이어 거룩한 가르침에 머릿말을 쓰셔 종풍(宗風)을 잇게 하시니, 구름 같은 문장이 진리의 하늘에 빛나고, 부처의 황금같은 설법

---

1) 다섯 잎 : 중국 선종의 2조 혜가로부터 6조 혜능에 이르는 다섯 조사를 말한다.
2) 천 개의 등불 : 중국에 선법(禪法)이 전해진 이후 등장한 수많은 견성도인들을 말한다.
3) 황상(皇上) : 송의 진종(眞宗)을 말한다.

이 깨달음의 동산에 펼쳐졌다.

대장경의 말씀에 비밀히 계합하고, 인도로부터의 법맥이 번창하니, 뭇 선행을 늘리는 이가 더욱 많아졌고, 요의(了義)[4]를 전하는 사람들이 간간이 나타나서 원돈(圓頓)의 교화가 이 지역에 퍼졌다.

이에 동오(東吳)의 승려인 도원(道原)이 선열(禪悅)의 경지에 마음을 모으고, 불법의 진리를 샅샅이 찾으며, 여러 세대의 조사 법맥을 찾고, 제방의 어록(語錄)을 모아 그 근원과 법맥에 차례를 달고, 말씀들을 차례차례 엮되, 과거 7불로부터 대법안(大法眼)의 문도에 이르기까지 무릇 52세대, 1,701인을 수록하여 30권으로 만들어 경덕전등록이라 하여 대궐로 가지고 와서 유포해 주기를 청하였다.

황상께서는 불법을 밖으로부터 보호하고자 하시고, 승려들의 부지런함을 가상히 여겨 마음가짐을 신중히 하고 생각을 원대히 하여 좌사간(左司諫) 지제고(知制誥) 양억(楊億)과 병부원외랑(兵部員外郞) 지제고(知制誥) 이유(李維)와 태상승(太常丞) 왕서(王曙) 등을 불러 교정케 하시니, 신(臣) 등은 우매하여 삼학(三學)[5]의 근본 뜻을 모르고 5성(五性)[6]의 방편에 어두우며, 훌륭한 번역 솜씨도 없고, 비야리 성에서 보인 유마 거사의 묵연(黙然) 도리[7]에도 둔하건만 공손히 지엄하신 하명(下命)을 받들어 감히 끝내 사양하지 못하였다.

그 저술된 내용을 두루 살펴보면 대체로 진공(眞空)[8]으로써 근본을 삼고 있고, 옛 성인께서 도에 들던 인연을 서술할 때나 옛 사람이 진리를 깨달은 이야기를 표현할 때엔 근기와 인연의 계합함이 마치 활쏘기와 칼쓰

---

4) 요의(了義) : 일을 다 마친 도리, 깨달아서 깨달음마저 두지 않는 경지를 말한다.
5) 삼학(三學) : 계(戒), 정(定), 혜(慧).
6) 5성(五性) : 법상종의 용어. 일체중생의 근기를 다섯 성품으로 나누어서 성불할 근기와 성불하지 못할 근기로 나누었다.
7) 유마 거사의 묵연 도리 : 유마 거사가 비야리성에서 그를 문병하러 온 문수보살과 법담을 할 때 잠자코 말이 없음으로 불이(不二)의 도리를 드러내 보인 일을 말한다.
8) 진공(眞空) : 색(色)이니 공(空)이니를 초월해서 누리는 경지.

기가 알맞는 것 같아 지혜가 갖추어진 데서 광명을 내어, 채찍 그림자만 보고도 달리는 말과 같은 상근기자(上根機者)들에게 널리 도움이 되고 있다.

후학(後學)들을 인도함에는 현묘한 진리를 드날리고 있고, 다른 이야기를 가져올 때에는 출처를 밝히고 있으며, 다듬어지지 않은 부분도 많으나 훌륭한 부분도 찾아볼 수 있었다. 모든 대사들이 대중에게 도리를 보일 때에 한결같은 소리로 펼쳐 보이고 있으니 영특한 이가 귀를 기울여 듣는다면 무수한 성인들이 증명한다 할 것이다. 개괄해서 들추어도 그것이 바탕이어서 한군데만 취해도 그대로가 옳다.

만일 별달리 더 붓을 댄다면 그 돌아갈 뜻을 잃을 것이다. 중국과 인도에서의 말이 이미 다르지 않은데 자칫하면 구슬에다 무늬를 새기려다 보배에 흠집을 낼 우려가 있기에, 이런 종류는 모두 그대로 두었다. 더욱이 일은 실제로 행한 것만을 취해 기록하여 틀림없이 잘 서술했으나 말이란 오래도록 남아 전해지는 까닭에 전혀 문장을 다듬지 않을 수는 없었다.

어떤 사연을 기록할 때엔 그 자취를 자세히 하였고 말이 복잡해지거나 이야기가 저속한 것이 있으면 모두 삭제하되 문맥이 통하게 하였다.

유교(儒敎)의 대신이나 거사(居士)의 문답에 이르러 벼슬자리와 성씨가 드러난 이는 연대와 역사에 비추어 잘못을 밝히고, 사적(史籍)에 따라 틀린 점을 바로잡아 믿을 만한 전기가 되게 하였다.

만일 바늘을 던져 맞추듯 한 치의 어긋남 없이 도리를 밝히는 일이 아니거나, 번갯불이 치듯 빠른 기틀을 내보이는 일이 아니거나, 묘하게 밝은 참 마음을 보이는 일이 아니거나, 고(苦)와 공(空)의 깊은 이치를 조사(祖師)의 뜻 그대로 기술(記述)하는 일이 아니라면, 어떻게 등불을 전한다는 전등(傳燈)이라는 비유에 계합(契合)하는 그 극진한 공덕을 베풀 수 있었겠는가?

만일 감응(感應)한 징주만을 서술하거나 참문하고 행각한 자취만을 기록한다 할 것 같으면 이는 이미 승사(僧史)에 밝혀져 있는 것이니, 어째서 선가(禪家)의 말씀을 굳이 취하겠는가? 세대와 계보의 명칭을 남긴 것만이 아니라 스승과 제자가 이어지는 근거를 널리 기록하였다.

그러나 옛날 책에 실린 것을 보면 잘 다듬어지지 않은 내용을 수록하고 잘 다듬어진 것은 버린 일이 있는데, 다른 기록에 남아 있으면 해당하는 문장을 찾아 보완하고, 더욱 널리 찾아서 덧붙이기도 하였다. 또한 서문과 논설에 이르러 혹 옛 조사(祖師)의 문장이 아닌 것이 사이사이 섞이어 공연히 군소리가 되었으면 모두 간추려서 다 깎아버렸으니, 이같이 하여 1년 만에 일이 끝났다.

저희 신(臣)들은 성품과 식견이 우둔하고, 학문이 넓지 못하고, 기틀이 본래 얕고, 문장력은 부족하여 묘한 도리가 사람에게 달렸다고는 하나 마음에서 떠난 지 오래되고 깊은 진리를 나타내는 말이 세속에서 단절되어, 담벽을 마주한 듯 갑갑하게 지낸 적이 많았다. 과분하게도 추천해 주시는 은혜를 받았으나 아무 힘도 발휘하지 못했다. 편찬하는 일이 이미 끝났으므로 이를 임금님께 바친다. 그러나 임금님의 뜻에 맞지 않아, 임금님께서 거룩히 살펴보시는 데에 공연히 누만 끼치는 것이 아닌가 한다. 삼가 바친다.

한림학사조산대부행좌사간지제고동
수국사판사관사주국남양군개국후식읍
1천백호사자금어대신 양억 지음

景德傳燈錄序 昔釋迦文。以受然燈之夙記當賢劫之次補。降神演化四十九年。開權實頓漸之門。垂半滿偏圓之教。隨機悟理。爰有三乘之差。接物利生。乃度無邊之眾。其悲濟廣大矣。其軌式備具矣。而雙林入滅。獨顧於飲光。屈眴相傳。首從於達磨。不立文字直指心源。不踐楷梯徑登佛地。逮五葉而始盛。分千燈而益繁。達寶所者蓋多。轉法輪者非一。蓋大雄付囑之旨。正眼流通之道。教外別行不可思議者也。

聖宋啟運人靈幽贊。太祖以神武戡亂。而崇淨剎。闢度門。太宗以欽明禦辯。而述祕詮。暢真諦。皇上睿文繼志而序聖教繹宗風。煥雲章於義天。振金聲於覺苑。蓮藏之言密契。竺乾之緒克昌。殖眾善者滋多。傳了義者間出。圓頓之化流於區域。有東吳僧道原者。冥心禪悅。索隱空宗。披弈世之祖圖。采諸方之語錄。次序其源派。錯綜其辭句。由七佛以至大法眼之嗣。凡五十二世。一千七百一人。成三十卷。目之曰景德傳燈錄。詣闕奉進冀於流布。

皇上爲佛法之外護。嘉釋子之勤業。載懷重慎。思致悠久。乃詔翰林學士左司諫知制誥臣楊億。兵部員外郎知制誥臣李維。太常丞臣王曙等。同加刊削。俾之裁定。臣等昧三學之旨迷五性之方。乏臨川翻譯之能。慚毘邪語默之要。恭承嚴命。不敢牢讓。竊用探索匪遑寧居。考其論譔之意。蓋以真空爲本。將以述蕘聖入道之因。標昔人契理之說。機緣交激。若拄於箭鋒。智藏發光。旁資於鞭影。

誘道後學。敷暢玄猷。而捃摭之來。徵引所出。糟粕多在。油素可尋。其有大士。示徒。以一音而開演。含靈聳聽。乃千聖之證明。屬概舉之是資。取少分而斯可。若乃別加潤色失其指歸。既非華竺之殊言。頗近錯雕之傷寶。如此之類悉仍其舊。況又事資紀實。必由於善敘。言以行遠。非可以無文。其有標錄事緣。縷詳軌跡。或辭條之紛糾。或言筌之猥俗。並從刊削。俾之綸貫。

至有儒臣居士之問答。爵位姓氏之著明。校歲歷以愆殊。約史籍而差謬。鹹用刪去。以資傳信。自非啟投針之玄趣。馳激電之迅機。開示妙明之真心。祖述苦空之深理。即何以契傳燈之喻。施刮膜之功。若乃但述感應之徵符。專敘參遊之轍跡。此已標於僧史。亦奚取於禪詮。聊存世系之名。庶紀師承之自然而舊錄所載。或掇粗而遺精。別集具存。當尋文而補闕。率加采擷。爰從附益。逮於序論之作。或非古德之文。問廁編聯徒增楦釀（楦釀二字出唐張燕公文集。謂冗長也）亦用簡別多所屏去。汔茲周歲方遂終篇。臣等性識媿於冥煩。學問慚於涉獵。天機素淺。文力無餘。妙道在人。雖劌心而斯久。玄言絕俗。固牆面以居多。濫膺推擇之私。靡著發揮之效。已克終於紬繹。將仰奉於清間。莫副宸襟空塵睿覽。謹上。

　　　　　　　　　　　翰林學士朝散大大行左司諫知制誥同
　　　　　　　　　　　修國史判史館事柱國南陽郡開國侯食邑
　　　　　　　　　　　一千百戶賜紫金魚袋臣楊億 撰

승려 희위(希渭)의 경덕전등록 재발간사

호주로(湖州路) 도량산(道場山) 호성만세선사(護聖萬歲禪寺)의 늙은 중 희위(希渭)는 본관이 경원로(慶元路) 창국주(昌國州)이며 성은 동(董)씨다.

어릴 때부터 고향의 성에 있는 관음선사(觀音禪寺)에 가서 절조(絶照) 화상을 스승으로 삼았고, 법명(法名)을 받게 되어 자계현(慈溪縣) 개수(開壽)의 보광선사(普光禪寺)에 가서 용원(龍源) 화상에 의해 머리를 깎고 중이 되었다.

그대로 오대율사(五臺律寺)로 가서 설애(雪涯) 화상에게 구족계를 받은 뒤에 짐을 꾸려 서쪽으로 향해 행각을 떠나 수행을 하다가 나중에 다시 은사이신 용원 화상을 만나 이 산으로 옮겨 왔다.

스승을 따라 배움에 참여하고 이로움을 구한 지 벌써 여러 해가 되었다. 항상 스승의 은혜를 생각하면서도 갚을 기회가 없었다. 그런데 삼가 윗대로부터의 부처와 조사들을 수록한 경덕전등록 30권을 보니 7불로부터 법안(法眼)의 법사(法嗣)에 이르기까지 전부 52세대(世代)인데, 경덕(景德)에서 연우(延祐) 병진년에 이르기까지 317년이나 지나서 옛 판본이 다 썩어버려 남아있지 않기 때문에 후학들이 보고 싶어도 볼 수가 없었다. 이에 발심하여 다시 간행한다.

홀연히 내 고향에 있는 천성선사(天聖禪寺)의 송려(松廬) 화상이 소장하고 있던, 여산(廬山)의 은암(隱庵)에서 찍은 옛 책이 가장 보존이 잘 된 상태로 입수되었는데, 아주 내 마음에 들었다. 마침내 병진(丙辰)년 정월 10일에 의발 등속을 모두 팔아 1만 2천여 냥을 얻었다. 그날 당장에 공인(工人)에게 간행할 것을 명하여 조사의 도리가 세상에 유포되게 하였다. 이 책은 모두 36만 7천 9백 17자이다. 그해 음력 12월 1일에야 공인의 작업이 끝났다.

당장에 300부를 인쇄하여 전당강(錢塘江) 남북지역과 안중(安衆)지역9)의 여러 명산(名山)의 방장(方丈)10)과 몽당(蒙堂)11)과 여러 요사(寮舍)12)에 한 부씩을 비치케 하여 온 세상의 도를 분변(分辨)하는 참선납자(參禪衲子)들이 참구하기에 편하도록 하였다. 이를 잘 이용하여 사은(四恩)13)을 갚고 아울러 삼유(三有)의 중생14)에게도 도움이 되기 바란다.

대원(大元) 연우(延祐) 3년15) 음력 12월 1일
늙은 중 희위(希渭)가 삼가 쓰고
젊은 비구 문아(文雅)가 간행을 감독하고
주지 비구 사순(士洵)이 간행하다.

---

9) 두 지역은 희위 스님의 고향인 호주(湖州)와 비교적 인접한 지역들이다.
10) 방장(方丈) : 절의 주지가 거처하는 방. 지금은 견성한 이가 아니더라도 주지를 맡고 있으나 그 당시에는 견성한 도인이라야 그 절의 주지를 맡았다. 따라서 방장에는 대체로 법이 높은 스님이 기거하는 경우가 대부분이었다.
11) 몽당(蒙堂) : 승사(僧寺)의 일에서 물러난 사람이 거처하는 방.
12) 요사(寮舍) : 절에서 대중이 숙식하는 방.
13) 사은(四恩) : 보시(布施), 자애(慈愛), 화도(化導), 공환(共歡)의 네가지 시은(施恩), 또는 부모(父母), 중생(衆生), 국왕(國王), 삼보(三寶)의 네가지 지은(知恩).
14) 삼유(三有)의 중생 : 욕계(慾界), 색계(色界), 무색계(無色界)의 삼세(三界)를 유전하는 미혹한 중생.
15) 서기 1316년.

차 례

서 문 35
양억(楊億)의 경덕전등록 서문 37
승려 희위(希渭)의 경덕전등록 재발간사 42
일러두기 50
22권 법계보 51

청원(靑原) 행사(行思) 선사의 7세 법손(法孫) 57

길주(吉州) 청원산(靑原山) 행사(行思) 선사의 제7세
앞의 항주(杭州) 용화사(龍華寺) 영조(靈照) 선사의 법손 59
  태주(台州) 서암(瑞巖) 사진(師進) 선사 59
  태주(台州) 육통원(六通院) 지구(志球) 선사 62
  항주(杭州) 운룡원(雲龍院) 귀(歸) 선사 66

항주(杭州) 여항(餘杭) 공신원(功臣院) 도한(道閑) 선사 68
　　구주(衢州) 진경(鎭境) 우연(遇緣) 선사 70
　　복주(福州) 보국원(報國院) 조(照) 선사 72
　　태주(台州) 백운(白雲) 내(迺) 선사 75

앞의 명주(明州) 취암(翠巖) 영참(令參) 선사의 법손 77
　　항주(杭州) 용책사(龍冊寺) 자흥(子興) 명오(明悟) 대사 77
　　온주(溫州) 운산(雲山) 불오원(佛嶴院) 지묵(知黙) 선사(제2세 주지) 80

앞의 복주(福州) 안국원(安國院) 홍도(弘瑫) 명진(明眞) 대사의 법손 83
　　복주(福州) 백록(白鹿) 사귀(師貴) 선사 83
　　복주(福州) 나산(羅山) 의총(義聰) 선사 86
　　복주(福州) 안국원(安國院) 종귀(從貴) 선사 89
　　복주(福州) 이산(怡山) 장경(長慶) 장용(藏用) 선사 93
　　복주(福州) 영륭원(永隆院) 언단(彦端) 선사 97
　　복주(福州) 임양산(林陽山) 서봉원(瑞峯院) 지단(志端) 선사 99
　　복주(福州) 흥성(興聖) 만(滿) 선사 106
　　복주(福州) 선종원(僊宗院) 명(明) 선사 108
　　복주(福州) 안국원(安國院) 상(祥) 화상 110

앞의 장주(漳州) 보복원(保福院) 종전(從展) 선사의 법손 113
　　천주(泉州) 초경원(招慶院) 성등(省僜) 정수(淨修) 대사 113
　　장주(漳州) 보복원(保福院) 가주(可儔) 명변(明辯) 대사 121

서주(舒州) 백수(白水) 해회원(海會院) 여신(如新) 선사 123
홍주(洪州) 장강(漳江) 혜렴(慧廉) 선사 127
복주(福州) 보자원(報慈院) 문흠(文欽) 선사 130
천주(泉州) 만안원(萬安院) 청운(淸運) 자화(資化) 선사 133
장주(漳州) 보은원(報恩院) 도희(道熙) 선사 137
천주(泉州) 봉황산(鳳凰山) 종침(從琛) 홍인(洪忍) 선사 140
복주(福州) 영륭원(永隆院) 영(瀛) 화상 명혜(明慧) 선사 144
홍주(洪州) 청천산(淸泉山) 수청(守淸) 선사 147
장주(漳州) 보은원(報恩院) 행숭(行崇) 선사 150
담주(潭州) 악록산(嶽麓山) 화상 153
낭주(朗州) 덕산(德山) 덕해(德海) 선사 155
천주(泉州) 후초경(後招慶) 화상 158
낭주(朗州) 양산((梁山) 간(簡) 선사 160
홍주(洪州) 고안현(高安縣) 건산(建山) 징(澄) 선사 162
복주(福州) 강산(康山) 계은(契穩) 법보(法寶) 대사 165
담주(潭州) 연수사(延壽寺) 혜륜(慧輪) 대사 167
천주(泉州) 서명원(西明院) 침(琛) 선사 169

앞의 남악(南嶽) 금륜(金輪) 가관(可觀) 선사의 법손 171

후남악(後南嶽) 금륜(金輪) 화상 171

앞의 천주(泉州) 수룡산(睡龍山) 도부(道溥) 선사의 법손 174

장주(漳州) 보복원(保福院) 청활(淸豁) 선사 174

앞의 소주(韶州) 운문산(雲門山) 문언(文偃) 선사의 법손 181
  소주(韶州) 백운(白雲) 상(祥) 화상 실성(實性) 대사 181
  낭주(朗州) 덕산(德山) 연밀(緣密) 원명(圓明) 대사(제9세 주지) 187
  담주(潭州) 수서(水西) 남대(南臺) 도준(道遵) 화상 법운(法雲) 대사 193
  소주(韶州) 쌍봉산(雙峯山) 흥복원(興福院) 경흠(竟欽) 화상 혜진(慧眞) 광오(廣悟) 선사 197
  소주(韶州) 자복(資福) 화상 202
  광주(廣州) 신회(新會) 황운(黃雲) 원(元) 선사 205
  광주(廣州) 의녕(義寧) 용경(龍境) 윤(倫) 선사 208
  소주(韶州) 운문산(雲門山) 상(爽) 화상 212
  소주(韶州) 백운(白雲) 문(聞) 화상 214
  소주(韶州) 피운(披雲) 지적(智寂) 선사 217
  소주(韶州) 정법(淨法) 장(章) 화상 선상(禪想) 대사 220
  소주(韶州) 온문산(溫門山) 만(滿) 선사 223
  악주(嶽州) 파릉(巴陵) 신개(新開) 호감(顥鑒) 대사 226
  연주(連州) 지장원(地藏院) 혜자(慧慈) 명식(明識) 대사 230
  영주(英州) 대용(大容) 인(諲) 선사 232
  광주(廣州) 나산(羅山) 숭(崇) 선사 236
  소주(韶州) 운문(雲門) 보(寶) 화상 238
  영주(郢州) 임계(臨谿) 경탈(竟脫) 화상 240
  광주(廣州) 화엄(華嚴) 혜(慧) 선사 243
  소주(韶州) 순봉(舜峯) 소(韶) 화상 245

수주(隨州) 쌍천산(雙泉山) 사관(師寬) 명교(明教) 대사 248
영주(英州) 관음(觀音) 화상 253
소주(韶州) 임전(林泉) 화상 255
소주(韶州) 운문(雲門) 후(煦) 화상 257
익주(益州) 청성(青城) 향림원(香林院) 징원(澄遠) 선사 259

색인표 265

부록1 농선 대원 선사님 인가 내력 275
부록2 농선 대원 선사님 법어 283
부록3 21세기에 인류가 해야 할 일 311
부록4 가슴으로 부르는 불심의 노래 315

일러두기

1. 대만에서 펴낸 『경덕전등록(景德傳燈錄)』(宋釋道原 編, 新文豐出版公司, 民國 75년, 1986년)에 의거해서 번역했으며 누락된 부분 없이 완역하였다.
2. 농선 대원 선사가 각 선사장마다 선리의 토끼뿔을 더하여 닦아 증득하는 데 도움이 되도록 하였다.
3. 뜻이 통하지 않는데도 오자가 아닐 때는 옛 한문 사전에서 그 조사 당시에 그 글자가 어떻게 쓰였는가를 찾아 번역하였다. 예를 들어 '還'자가 돌아올 '환'으로가 아니라 영위할 '영'으로 쓰여 뜻이 통한 경우에는 '영위하다' '누리다'로 의역하였다.
4. 선사들의 생몰연대는 여러 기록된 내용이 일치하지 않거나 미상으로 되어 있는 바가 많아, 각 선사 당시의 나라와 왕의 연대, 불교의 상황 등을 역사학자들이 전문적으로 연구하여 밝혀야 할 부분이 있기에, 이 책에서는 여러 자료와 연구 결과가 일치된 내용만을 주에서 표기하였다.
5. 첨가한 주의 내용은 불교에 대한 지식이 없는 이들도 선문답을 참구해 가는데 도움이 되도록 간략하게 달았으며, 주의 내용에 따라서는 사전적인 뜻보다는 선리(禪理)로서 그 뜻을 밝혀 마음에 비추어 참구할 수 있도록 하였다.

22권 법계보

길주(吉州) 청원산(靑原山) 행사(行思) 선사의 제7세 279인 중 70인

항주(杭州) 용화사(龍華寺) 영조(靈照) 선사의 법손 7인
- 태주(台州) 서암(瑞巖) 사진(師進) 선사
- 태주(台州) 육통원(六通院) 지구(志球) 선사
- 항주(杭州) 운룡원(雲龍院) 귀(歸) 선사
- 항주(杭州) 여항(餘杭) 공신원(功臣院) 도한(道閑) 선사
- 구주(衢州) 진경(鎭境) 우연(遇緣) 선사
- 복주(福州) 보국원(報國院) 조(照) 선사
- 태주(台州) 백운(白雲) 내(酒) 선사

(이상 7인은 본문에 기록되어 있다. 원주)

명주(明州) 취암(翠巖) 영참(令參) 선사의 법손 2인
- 항주(杭州) 용책사(龍册寺) 자흥(子興) 명오(明悟) 대사
- 온주(溫州) 운산(雲山) 불오원(佛嶴院) 지묵(知黙) 선사(제2세 주지)

(이상 2인은 본문에 기록되어 있다. 원주)

복주(福州) 안국원(安國院) 홍도(弘瑫) 명진(明眞) 선사의 법손 9인
- 복주(福州) 백록(白鹿) 사귀(師貴) 선사
- 복주(福州) 나산(羅山) 의총(義聰) 선사

22권 법계보

- 복주(福州) 안국원(安國院) 종귀(從貴) 선사
- 복주(福州) 이산(怡山) 장경(長慶) 장용(藏用) 선사
- 복주(福州) 영륭원(永隆院) 언단(彦端) 선사
- 복주(福州) 임양산(林陽山) 서봉원(瑞峯院) 지단(志端) 선사
- 복주(福州) 홍성(興聖) 만(滿) 선사
- 복주(福州) 선종원(僊宗院) 명(明) 선사
- 복주(福州) 안국원(安國院) 상(祥) 화상

(이상 9인은 본문에 기록되어 있다. 원주)

장주(漳州) 보복원(保福院) 종전(從展) 선사의 법손 25인

- 천주(泉州) 초경원(招慶院) 성등(省燈) 정수(淨修) 대사
- 장주(漳州) 보복원(保福院) 가주(可儔) 명변(明辯) 대사
- 서주(舒州) 백수(白水) 해회원(海會院) 여신(如新) 선사
- 홍주(洪州) 장강(漳江) 혜렴(慧廉) 선사
- 복주(福州) 보자원(報慈院) 문흠(文欽) 선사
- 천주(泉州) 만안원(萬安院) 청운(清運) 자화(資化) 선사
- 장주(漳州) 보은원(報恩院) 도희(道熙) 선사
- 천주(泉州) 봉황산(鳳凰山) 종침(從琛) 홍인(洪忍) 선사
- 복주(福州) 영륭원(永隆院) 영(瀛) 화상 명혜(明慧) 선사
- 홍주(洪州) 청천산(清泉山) 수청(守清) 선사

22권 법계보

- 장주(漳州) 보은원(報恩院) 행숭(行崇) 선사
- 담주(潭州) 악록산(嶽麓山) 화상
- 낭주(朗州) 덕산(德山) 덕해(德海) 선사
- 천주(泉州) 후초경(後招慶) 화상
- 낭주(朗州) 양산((梁山) 간(簡) 선사
- 홍주(洪州) 고안현(高安縣) 건산(建山) 징(澄) 선사
- 복주(福州) 강산(康山) 계은(契穩) 법보(法寶) 대사
- 담주(潭州) 연수사(延壽寺) 혜륜(慧輪) 대사
- 천주(泉州) 서명원(西明院) 침(琛) 선사
  (이상 19인은 본문에 기록되어 있다. 원주)
- 복주(福州) 승산(昇山) 유(柔) 선사
- 복주(福州) 침봉(枕峯) 화상
- 낭주(朗州) 법조(法操) 선사
- 양주(襄州) 취령(鷲嶺) 화상
- 목주(睦州) 경연(敬蓮) 화상
- 담주(潭州) 곡산(谷山) 구(句) 선사
  (이상 6인은 본문에 기록되어 있지 않다. 원주)

남악(南嶽) 금륜(金輪) 가관(可觀) 선사의 법손 1인

- 후남악(後南嶽) 금륜(金輪) 화상
  (이상 1인은 본문에 기록되어 있다. 원주)

22권 법계보

천주(泉州) 수룡산(睡龍山) 도부(道溥) 선사의 법손 1인
- 장주(漳州) 보복원(保福院) 청활(淸豁) 선사

  (이상 1인은 본문에 기록되어 있다. 원주)

소주(韶州) 운문산(雲門山) 문언(文偃) 선사의 법손 61인 중 25인
- 소주(韶州) 백운(白雲) 상(祥) 화상 실성(實性) 대사
- 낭주(朗州) 덕산(德山) 연밀(緣密) 원명(圓明) 대사 (제9세 주지)
- 담주(潭州) 수서(水西) 남대(南臺) 도준(道遵) 화상 법운(法雲) 대사
- 소주(韶州) 쌍봉산(雙峯山) 흥복원(興福院) 경흠(竟欽) 화상 혜진(慧眞) 광오(廣悟) 선사
- 소주(韶州) 자복(資福) 화상
- 광주(廣州) 신회(新會) 황운(黃雲) 원(元) 선사
- 광주(廣州) 의녕(義寧) 용경(龍境) 윤(倫) 선사
- 소주(韶州) 운문산(雲門山) 상(爽) 화상
- 소주(韶州) 백운(白雲) 문(聞) 화상
- 소주(韶州) 피운(披雲) 지적(智寂) 선사
- 소주(韶州) 정법(淨法) 장(章) 화상 선상(禪想) 대사
- 소주(韶州) 온문산(溫門山) 만(滿) 선사
- 악주(嶽州) 파릉(巴陵) 신개(新開) 호감(顥鑒) 대사
- 연주(連州) 지장원(地藏院) 혜자(慧慈) 명식(明識) 대사

22권 법계보

- 영주(英州) 대용(大容) 인(諲) 선사
- 광주(廣州) 나산(羅山) 숭(崇) 선사
- 소주(韶州) 운문(雲門) 보(寶) 선사
- 영주(郢州) 임계(臨谿) 경탈(竟脫) 화상
- 광주(廣州) 화엄(華嚴) 혜(慧) 선사
- 소주(韶州) 순봉(舜峯) 소(韶) 화상
- 수주(隨州) 쌍천산(雙泉山) 사관(師寬) 명교(明敎) 대사
- 영주(英州) 관음(觀音) 화상
- 소주(韶州) 임전(林泉) 화상
- 소주(韶州) 운문(雲門) 후(煦) 화상
- 익주(益州) 청성(靑城) 향림원(香林院) 징원(澄遠) 선사

(이상 25인은 본문에 기록되어 있다. 원주)

청원(靑原) 행사(行思) 선사의
7세 법손(法孫)

길주(吉州) 청원산(靑原山) 행사(行思) 선사의 제7세
앞의 항주(杭州) 용화사(龍華寺) 영조(靈照) 선사의
법손

태주(台州) 서암(瑞巖) 사진(師進) 선사

사진 선사가 법상에 올라 대중이 오래 서 있으니, 대사가 말하였다.
"여러 선덕(禪德)들이 이미 깨달아 지녀서 쓴다 해도 부끄러운 것이니, 만일 소리를 쫓고 메아리를 들으려는 이라면 방에 가서 불을 쪼이는 것만 못하다. 안녕."

古州青原山行思禪師第七世。前杭州龍華寺靈照禪師法嗣。台州瑞巖師進禪師。師上堂大眾立久。師曰。媿諸禪德已省提持。若是徇聲聽響不如歸堂向火。珍重。

어떤 승려가 물었다.

"어떤 것이 서암의 경지입니까?"

대사가 말하였다.

"겹겹이 막힌 산봉우리가 남쪽으로 멀리 뻗어 있고, 서울은 북쪽으로 지척에 있다."

"어떤 것이 경지 안의 사람입니까?"

"만 리에 뜬 구름이 서악(瑞岳)에 모이고, 미미한 보슬비가 발 앞에 내린다."

"어찌하여야 그 사람을 가까이 할 수 있습니까?"

"나는 그대가 이미 방에 든 줄 알았는데, 여전히 만 겹의 관문이 막혔구나."

僧問。如何是瑞巖境。師云。重重疊嶂南來遠。北向皇都咫尺間。僧曰。如何是境中人。師曰。萬里白雲朝瑞岳。微微細雨洒簾前。僧曰。未審如何親近此人。師曰。將謂闍梨親入室。元來猶隔萬重關。

 토끼뿔

"어찌하여야 그 사람을 가까이 할 수 있습니까?" 했을 때

대원은 "가까이 하고 멀리 할 수 있는 것이 아니니라." 하리라.

태주(台州) 육통원(六通院) 지구(志球) 선사

지구 선사에게 어떤 승려가 물었다.
"온몸에 칼을 찼을 때에는 어떠합니까?"
대사가 말하였다.
"떨어졌다."
"상대하는 이는 어떠합니까?"
"하늘을 그을리고 땅을 굽는다."

"어떤 것이 육통의 경지입니까?"
"눈앞에 가득한 강산을 마음껏 구경하라."
"어떤 것이 경지 안의 사람입니까?"
"옛과 지금이 저절로 오간다."
"두 길을 여의어서 모든 것을 초월했다는 것마저 세우지 않는 경지의 일이 있습니까?"

台州六通院志球禪師。僧問。全身佩劍時如何。師曰。落。僧曰。當者如何。師曰。熏天炙地。問如何是六通境。師曰。滿目江山一任看。僧曰。如何是境中人。師曰。古今自去來。僧曰。離二途還有向上事也無。

"있다."

"어떤 것이 모든 것을 초월했다는 것마저 세우지 않는 경지의 일입니까?"

"운수납자[1]들의 천 무리, 만 무리니라."

"치의[2]를 입은 선승의 무리에게 스님께서 가리켜 보여 주시기 바랍니다."

"벌겋게 달아오른 화로는 안문관(鴈門關)에 떨어지지 않는다."

"어떤 것이 벌겋게 달아오른 화로가 안문관에 떨어지지 않는 것입니까?"

"푸른 하늘이 어찌 사람들이 잡는다고 싫다 하겠는가?"

"그런 줄 모르는 이도 있겠습니까?"

"있다."

"어떤 것이 모르는 이입니까?"

師曰。有。僧曰。如何是向上事。師曰。雲水千徒與萬徒。問擁毳玄徒請師指示。師曰。紅鑪不墜鴈門關。僧曰。如何是紅鑪不墜鴈門關。師曰。青霄豈悋眾人攀。僧曰。還有不知者也無。師曰。有。僧曰。如何是不知者。

---

1) 운수납자 : 도를 묻기 위하여 스승을 찾아 여러 곳으로 돌아다니는 승려를 구름과 물에 비유한 말.
2) 치의 : 청. 황. 적. 백. 공. 벽의 여섯 가지 색에 치우치지 않는 괴색으로 승려의 옷을 이르는 말.

"금방(金榜)³⁾에 이름이 없다."

"어떤 것이 화상의 가풍입니까?"
"모든 집 위에 보름달이 밝다."

"어떤 것이 제2의 달입니까?"
"산하대지(山河大地)이니라."

　　師曰。金榜上無名。問如何是和尚家風。師曰。萬家明月朗。問如何是第二月。師曰。山河大地。

---

3) 금방(金榜) : 과거(科擧)에 급제(及第)한 사람의 이름을 쓴 방(榜).

 토끼뿔

"어떤 것이 제2의 달입니까?" 했을 때

대원은 "지금의 그대가 그 답이다." 하리라.

항주(杭州) 운룡원(雲龍院) 귀(歸) 선사

귀(歸) 선사에게 어떤 승려가 물었다.
"오랫동안 싸움터에 있었는데, 왜 공명을 이루지 못합니까?"
대사가 말하였다.
"허물은 이쪽에 있다."
"나아갈 곳이 있겠습니까?"
"얼음 녹듯 기와 깨지듯 했다."

杭州雲龍院歸禪師。僧問。久戰沙場為什麼功名不就。師曰。過在這邊。僧曰。還有進處也無。師曰。氷消瓦解。

토끼뿔

"오랫동안 싸움터에 있었는데, 왜 공명을 이루지 못합니까?" 했을 때

대원은 "싸움터에 있었기 때문이다." 하리라.

항주(杭州) 여항(餘杭) 공신원(功臣院) 도한(道閑) 선사

도한 선사에게 어떤 승려가 물었다.
"어떤 것이 공신의 가풍입니까?"
대사가 말하였다.
"속인은 동쪽에 서고, 승려들은 서쪽에 섰다."

"어떤 것이 학인 자신입니까?"
"그대와 내가 같다."
"그러면 둘이 아니겠습니다."
"십만 팔천이니라."

杭州餘杭功臣院道閑禪師。僧問。如何是功臣家風。師曰。俗人東畔立。僧眾在西邊。問如何是學人自己。師曰。如汝與我。僧曰。恁麼即無二去也。師曰。十萬八千。

토끼뿔

"어떤 것이 학인 자신입니까?" 했을 때

대원은 "한 짝 장화다." 하리라.

구주(衢州) 진경(鎭境) 우연(遇緣) 선사

우연 선사에게 어떤 승려가 물었다.
"여러 사람이 금을 찾으면 누가 얻습니까?"
대사가 말하였다.
"개울가에서 모래를 헤치는 것은 헛수고일 뿐이다. 집안에 보물이 있으니 속히 돌아가라."
"그러면 끝내 남에게서 얻는 것이 아니겠습니다."
"설사 그대가 산을 메는 힘이 있다 하여도 어깨에 짊어지는 것은 면하지 못한다."

衢州鎭境遇緣禪師。僧問。眾手淘金誰是得者。師曰。谿畔披砂徒自困。家中有寶速須還。僧曰。恁麼即始終不從人得去也。師曰。饒君便有擎山力。未免肩頭有擔胝。

토끼뿔

"여러 사람이 금을 찾으면 누가 얻습니까?" 했을 때

대원은 "금고 주인이다." 하리라.

복주(福州) 보국원(報國院) 조(照) 선사

조(照) 선사가 법상에 올라 말하였다.

"내가 만일 기틀을 온전히 하면 그대들은 어디서 찾겠는가? 대개 근기가 같지 않아 부끄러움도 갖추지 못하는구나. 알겠는가? 지금 여러분을 위해 들어갈 문을 만들어 주리라."

그리고는 승상(繩牀)을 두어 번 두드리고 말하였다.

"보았는가, 들었는가? 보았다면 본 것이며, 들었다면 들은 것이겠느냐? 의식 속에서 따지고 헤아려서 망상전도(妄想顚倒)를 이루지 말라. 벗어날 기약이 없다. 안녕."

불탑(佛塔)이 벼락을 맞은 일로 인하여 어떤 사람이 물었다.

"불조의 탑이 어째서 벼락을 맞습니까?"

福州報國院照禪師。師上堂曰。我若全機汝向什麼處摸索。蓋為根器不等。便成不具慚愧。還委得麼。如今與諸仁者作箇入底門路。乃敲繩牀兩下云。還見麼。還聞麼。若見便見。若聞便聞。莫向意識裏卜度。却成妄想顚倒無有出期。珍重。因佛塔被雷霹。有人問。祖佛塔廟為什麼却被雷霹。

대사가 말하였다.

"하늘이 알렸구나."

승려가 말하였다.

"이미 하늘이 알렸다면 어째서 부처님 탑에 벼락을 칩니까?"

"어느 곳에다 써야 부처 있음을 나타내겠느냐?"

"그렇지만 어지럽게 흩어진 것이야 어찌하겠습니까?"

"무엇을 보았는가?"

師曰。通天作用。僧曰。既是通天作用。為什麼却霹佛。師曰。作用何處見有佛。僧曰。爭奈狼藉何。師曰。見什麼。

 토끼뿔

"불조의 탑이 어째서 벼락을 맞습니까?" 했을 때

대원은 "무엇을 보았는가?" 하리라.

태주(台州) 백운(白雲) 내(㵒) 선사

내(㵒) 선사에게 어떤 승려가 물었다.
"형산(荊山)에 옥이 있지만 보배가 아니니, 주머니 속에 있는 참금을 한마디 일러 주십시오."
대사가 말하였다.
"나의 집은 가난하다."
"자비는 어디다 두셨습니까?"
"공연히 도자(道者)라는 이름이 부끄럽군."

台州白雲㵒禪師。僧問。荊山有玉非爲寶。囊內眞金賜一言。師曰。我家貧。僧曰。慈悲何在。師曰。空慚道者名。

 토끼뿔

"형산(荊山)에 옥이 있지만 보배가 아니니, 주머니 속에 있는 참 금을 한마디 일러 주십시오." 했을 때

대원은 방석을 치켜들고 "이것이다." 했을 것이다.

앞의 명주(明州) 취암(翠巖) 영참(令參) 선사의 법손

항주(杭州) 용책사(龍册寺) 자홍(子興) 명오(明悟) 대사

명오 대사에게 어떤 승려가 물었다.
"바른 지위 안에서도 누군가 부처를 이루는 이가 있습니까?"
대사가 말하였다.
"누가 중생인가?"
"그러면 모두가 부처이겠습니다."
"나의 바른 지위를 돌려다오."
"어떤 것이 바른 지위입니까?"
"그대는 중생이다."

前明州翠巖令參禪師法嗣。杭州龍册寺子興明悟大師。僧問。正位中還有人成佛否。師曰。誰是眾生。僧曰。若恁麼即總成佛去也。師曰。還我正位來。僧曰。如何是正位。師曰。汝是眾生。

"어떤 것이 값을 매길 수 없는 보배입니까?"

"변화(卞和)⁴⁾가 공연히 박옥(璞玉)을 안고 있구나."

"홀연히 초나라 왕을 만나면 여전히 바쳐야 하겠습니까, 바치지 말아야 하겠습니까?"

"범부와 성인을 계속 나누는구나."

"옛사람이 털옷을 들어 보인 뜻이 무엇입니까?"

"그대가 이야기한 것이 온전하지 못하구나."

"어찌하여야 든 것이 되겠습니까?"

대사가 가사 자락을 들어 올렸다.

問如何是無價珍。師曰。卞和空抱璞。僧曰。忽遇楚王還進也無。師曰。凡聖相繼續。問古人拈布毛意作麼生。師曰。闍梨擧不全。僧曰。如何擧得。師乃拈起袈裟。

---

4) 변화(卞和) : 옥을 황제에게 바쳤으나 옥이 아니라 하여 형벌을 받은 이. 변화는 초(楚)나라의 사람으로 박옥을 얻어 초의 려왕(厲王)에게 헌상했으나, 가짜라고 해서 왼쪽 다리를 잘렸다. 무왕 때 다시 헌상했으나, 역시 가짜라고 하여 오른쪽 다리를 잘렸다. 뒤에 문왕이 즉위하였는데 변화가 박옥을 안고 피눈물을 흘리며 슬피 우니, 문왕이 기술자로 하여금 박옥을 다듬게 하자 과연 가장 아름다운 옥이 나왔다고 한다.

토끼뿔

"그러면 모두가 부처이겠습니다." 했을 때

대원은 "그런 말은 어떻게 있었는가?" 하리라.

온주(溫州) 운산(雲山) 불오원(佛嶴院) 지묵(知默) 선사(제2세 주지)

지묵 선사가 법상에 올라 말하였다.

"내가 지금 여러분을 살펴보건대, 이렇게 행각을 하여 고생을 하면서 산을 넘고 물을 건너는 것은 끝내 고을과 명승고적을 유람하기 위해 다니는 것은 아니리라. 다만 모두가 이 일대사(一大事)를 위한 것일테니, 지금 이 모임에서 소식을 드러내 보려는 이가 있는가? 운산이 감히 증명하여 주리라. 운산뿐이 아니라 선림(禪林)과 불찰(佛刹)이 모두 증명해 주리라."

溫州雲山佛嶴院知默禪師(第二世住)。師上堂曰。山僧如今看見諸上座恁麼行脚。喫辛喫苦盤山涉澗。終不為觀看州縣參尋名山聖迹。莫非為此一大事。如今且要諸人於本參中通箇消息來。雲山敢與證明。非但雲山證明。乃至禪林佛刹亦與證明。

어떤 승려가 물었다.
"어떤 것이 불오의 가풍입니까?"
"손님을 보낼 때에는 세 걸음 밖을 나가지 않고, 손님을 맞이할 때에는 다만 초당 앞에 있다."

僧問。如何是佛嶴家風。師曰。送客不離三步內。邀賓只在草堂前。

토끼뿔

"어떤 것이 불오의 가풍입니까?" 했을 때

대원은 "드러났다." 하리라.

앞의 복주(福州) 안국원(安國院) 홍도(弘瑫) 명진(明眞)
대사의 법손

복주(福州) 백록(白鹿) 사귀(師貴) 선사

개당(開堂)하는 날에 어떤 승려가 물었다.
"서협(西峽)의 일파는 마두(馬頭)[5]와 다르지 않고, 백록의 천 봉우리는 어째서 계족(鷄足)[6]과 같습니까?"
대사가 말하였다.
"대중도 한때 증험해 본 것이니라."

前福州安國院弘瑫明眞大師法嗣。福州白鹿師貴禪師。開堂日。有僧問。西峽一派不異馬頭。白鹿千峯何似鷄足。師曰。大衆一時驗看。

---

5) 마두(馬頭) ; 마조 도일 대사를 일컫는다.
6) 계족(鷄足) : 가섭 존자가 입정한 산.

"어떤 것이 백록의 가풍입니까?"
"그대에게 무어라 해야 할까?"
"그러면 곧 학인이 알겠습니다."
"아는 사람이라면 무슨 경지에 이르렀다고 하겠는가?"
"다시는 중얼중얼하지 마십시오."
"그저 지나치면 옳지 못하기 때문이다."

"우두가 4조를 보기 전에는 백 가지 새가 꽃을 물고 와서 공양했는데, 본 뒤에는 어째서 오지 않았습니까?"
"먼동이 트기 전에는 누구나 기다리지만 새벽이 밝으면 그전과 같으니라."

問如何是白鹿家風。師曰。向汝道什麼。僧曰。恁麼即學人知時去也。師曰。知時底人合到什麼田地。僧曰。不可更喃喃地。師曰。放過即不可。問牛頭未見四祖時百鳥銜花供養。見後為什麼不來。師曰。曙色未分人盡望。及乎天曉也如常。

토끼뿔

"그러면 곧 학인이 알겠습니다." 했을 때

대원은 "둘째 달을 보배인 양 안고 사는 자로구나." 하리라.

복주(福州) 나산(羅山) 의총(義聰) 선사

의총 선사가 법상에 올라 대중이 오래 서 있으니, 대사가 말하였다.
"만일 분부한 것이 있다고 하면 나산은 안목을 갖추지 못했고, 분부한 것이 없다면 수고해도 공이 없다. 이러하니 유마(維摩)가 옛날에 문수를 대한 것을 지금 알겠는가?"
어떤 승려가 물었다.
"어떤 것이 굴에서 나온 사자입니까?"
대사가 말하였다.
"어떤 곳인들 흔들려 무너지지 않으랴."
"어떤 소리를 냅니까?"
"귀먹은 자라 듣지 못했구나."

福州羅山義聰禪師。師上堂大眾立久。師曰。若有分付處。羅山即不具眼。若無分付處即勞而無功。所以維摩昔日對文殊。且道如今會也無。僧問。如何是出窟獅子。師曰。什麼處不震裂。僧曰。作何音響。師曰。聾者不聞。

"손으로 하늘 땅을 가리키면서 나홀로 존귀하다 하였는데, 어째서 옆 사람의 책망을 들었습니까?"

"오랑캐의 수염은 붉다고 했다."

"옆 사람에게는 무슨 장점이 있습니까?"

"길에서 불평등한 것을 보면 칼을 뺀다."

問手指天地唯我獨尊。爲什麼却被傍者責。師曰。謂言胡鬚赤。僧曰。只如傍者有什麼長處。師曰。路見不平所以按劍。

토끼뿔

"옆 사람에게는 무슨 장점이 있습니까?" 했을 때

대원은 "그도 책망 듣기는 마찬가지인 사람이다." 하리라.
" 아차차…."

복주(福州) 안국원(安國院) 종귀(從貴) 선사

종귀 선사에게 어떤 승려가 물었다.
"참선할 궁전을 크게 창설하고 법을 배우는 무리가 구름같이 모였으니, 모든 것을 초월했다는 것마저 세우지 않는 한 길을 스님께서 가려서 결단해 주십시오."
대사가 말하였다.
"본래 시기에 맞는 무리가 아니구나."

대사가 언젠가 법상에 올라 말하였다.
"선(禪)과 도(道)를 들어서 한쪽에다 던져둬라. 부처와 조사는 무슨 헌신짝 같은 것이냐? 이렇게 말하는 것까지도 오히려 여러분을 너무 깔보는 것이 아닐까? 깔본다고 여기거든 행각을 떠나라. 깔보는 것이 아니라고 여기거든 입을 다물고 있어라. 안녕."

福州安國院從貴禪師。僧問。禪宮大敞法眾雲臻。向上一路請師決擇。師曰。素非時流。師有時上堂示眾云。禪之與道拈向一邊著。佛之與祖是什麼破草鞋。恁麼告報莫屈著諸人麼。若道屈著即且行脚去。若道不屈著也須合取口始得。珍重。

또 언젠가 법상에 올라 말하였다.
"실로 이것은 양조(梁朝)[7]를 만난 적도 없으니, 나라를 평안하게 했다는 것도 속인 것에 불과하다. 안녕."

어떤 승려가 물었다.
"스님께서 종승(宗乘)을 말씀해 주십시오."
대사가 말하였다.
"오늘은 벼를 털고, 내일은 장작을 나른다."

"우두가 4조를 보기 전에는 어떠합니까?"
"향로와 승상(繩床)이 마주 놓였다."
"본 뒤에는 어떠합니까?"
"사립문짝이 노주(露柱)와 마주 섰다."

又有時上堂曰。直是不遇梁朝安國也謾不過。珍重。僧問。請師擧唱宗乘。師曰。今日打禾明日搬柴。問牛頭未見四祖時如何。師曰。香鑪對繩床。僧曰。見後如何。師曰。門扇對露柱。

---

7) 양조(梁朝) : 중국 남북조 시대 양나라 왕조 양무제때 이름.

"어떤 것이 화상의 가풍입니까?"
"가풍을 물으니 가풍을 대답한다."
"학인이 가풍을 묻지 않을 때에는 어떻습니까?"
"오랑캐가 오고 한족(漢族)이 간다."

"다른 것은 묻지 않겠습니다. 깨닫는 요긴한 한마디를 해 주십시오."
"요컨대 분명하게 알아 얻었는가?"
대사가 법당에서 내리면서 말하였다.
"순타(純陀)[8]가 공양을 올리는구나. 안녕."

問如何是和尚家風。師曰。若問家風即答家風。僧曰。學人不問家風時作麼生。師曰。胡來漢去。問諸餘即不問。省要處乞師一言。師曰。還得省要麼。師下堂曰。純陀獻供。珍重。

---

8) 순타(純陀) : 석존께서 입멸하시기 직전에 마지막으로 공양을 올린 사람.

 토끼뿔

"학인이 가풍을 묻지 않을 때에는 어떻습니까?" 했을 때

대원은 "가풍을 누리지." 하리라.

복주(福州) 이산(怡山) 장경(長慶) 장용(藏用) 선사

장용 선사가 법상에 올라 대중이 모이니, 대사가 부채를 땅에다 던지면서 말하였다.

"어리석은 사람은 금을 흙이라 하겠지만, 지혜로운 이는 어찌하겠는가? 후생(後生)이 무서우니 모두가 어리석게 굴기만 하지 말라. 이런 이가 있는가? 나와서 말해 봐라."

이때에 어떤 승려가 나와서 절을 하고 뒤로 물러섰다.

대사가 말하였다.

"딴 짓을 해서 무엇 하리오."

"화상께서 밝게 살피십시오."

"천 년 묵은 복숭아씨이다."

福州怡山長慶藏用禪師。師上堂。眾集。師以扇子拋向地上曰。愚人謂金是土。智者作麼生。後生可畏。不可總守愚去也。還有麼。出來道看。時有僧出禮拜退後而立。師曰。別更作麼生。僧曰。和尚明鑒。師曰。千年桃核。

"어떤 것이 가람(伽藍)9)입니까?"
"장계(長溪)의 창포밭이니라."
"어떤 것이 가람 속의 사람입니까?"
"신라(新羅)의 맑은 물이니라."

"어떤 것이 영천(靈泉)의 바른 주인입니까?"
"남산과 북산이니라."

"어떤 것이 화상의 가풍입니까?"
"식전에는 부엌에서 남국(南國)의 밥을 짓고, 오후에는 냄비에다 북원(北苑)의 차를 달인다."

"법신(法身)도 고통을 받습니까?"
"지옥이 어찌 천당이겠는가?"

問如何是伽藍。師曰。長溪莆田。僧曰。如何是伽藍中人。師曰。新羅白水。問如何是靈泉正主。師曰。南山北山。問如何是和尚家風。師曰。齋前厨蒸南國飯。午後鑪煎北苑茶。問法身還受苦也無。師曰。地獄豈是天堂。

---

9) 가람(伽藍) : 승려가 기거하는 사원.

"그러면 고를 받겠습니다."
"무슨 죄니 과보니 하는 것이 있겠는가?"

僧曰。恁麼即受苦去也。師曰。有什麼罪過。

 토끼뿔

༶ "어떤 것이 가람(伽藍)입니까?" 했을 때

대원은 기둥을 가리키고 "험." 하리라.

༶ "법신(法身)도 고통을 받습니까?" 했을 때

대원은 "담 너머 삼나무니라." 하고

"그러면 고를 받겠습니다." 했을 때

대원은 "삼나무가 웃는다." 하리라.

복주(福州) 영륭원(永隆院) 언단(彦端) 선사

언단 선사가 법상에 올라 대중이 모이니, 자리에서 일어나 춤을 추면서 대중에게 말하였다.
"알겠는가?"
대중이 말하였다.
"모르겠습니다."
"내가 도법을 버리지 않고 범부의 일을 나타냈거늘 어째서 모르는가?"

"본래부터 두렷이 이루어졌거늘 어째서 밝고 어둠이 나누어졌습니까?"
"그대 스스로가 점검해서 밝혀 봐라."

福州永隆院彦端禪師。師上堂。大眾雲集。師從座起作舞。謂大眾曰。會麼。眾曰不會。師曰。山僧不捨道法而現凡夫事。作麼生不會。問本自圓成。為什麼却分明晦。師曰。汝自檢責看。

토끼뿔

"본래부터 두렷이 이루어졌거늘 어째서 밝고 어둠이 나누어졌습니까?" 했을 때

대원은 "그것일세." 하리라.

복주(福州) 임양산(林陽山) 서봉원(瑞峯院) 지단(志端) 선사

지단 선사는 복주 사람이다. 고향의 남간사(南澗寺)에서 공부를 하다가 24세에 명진(明眞) 대사를 찾아 갔다.
어느 날 어떤 승려가 묻기를 "어떤 것이 만상 가운데 홀로 드러난 몸입니까?"라고 하니, 명진이 한 손가락을 세웠으나, 그 승려가 알지 못하였다. 이에 대사가 현묘한 뜻을 가만히 깨닫고, 명진에게 입실하여 말씀드렸다.
"아까 그 승려가 묻던 말을 지금 지단(志端)은 알 만합니다."
명진이 물었다.
"그대는 어떤 도리를 보았는가?"

福州林陽山瑞峯院志端禪師。福州人也。依本部南澗寺受業。年二十四。謁明眞大師。一日有僧問。如何是萬象之中獨露身。明眞擧一指。其僧不薦。師於是冥契玄旨。乃入室白曰。適來那僧問話。志端今有省處。明眞曰。汝見什麽道理。

대사도 한 손가락을 들고서 말하였다.
"이 무엇입니까?"
명진이 매우 흡족히 여겼다.

대사가 법상에 올라 불자(拂子)를 들고 말하였다.
"조계(曹溪)도 다 쓰지 못한 것을 사람들은 머리에 뿔이 났다고 한다. 내가 불자를 들어 모기를 치는 데서 깨달으면 하늘 땅도 간 곳 없다."

"어떤 것이 서쪽에서 오신 뜻입니까?"
"나무말은 연기가 자욱하게 달리고, 돌사람은 미처 따르지 못한다."

"어떤 것이 선(禪)입니까?"
"금년은 작년보다 가물었다."

師亦舉一指曰。這箇是什麼。明真甚然之。師上堂舉拂子云。曹溪用不盡底。時人喚作頭角生。山僧拈來拂蚊子。薦得乾坤陷落。問如何是西來意。師曰。木馬走似煙石人趁不及。問如何是禪。師曰。今年旱去年。

"어떤 것이 도(道)입니까?"
"겨울 밭이 반이나 망가졌다."

"어떤 것이 학인 자신입니까?"
 대사가 한 번 발을 차니, 승려가 잡는 시늉을 하였다. 이에 대사가 한 주먹 갈기니, 승려가 대답이 없었다. 대사가 말하였다.
"사람을 퍽 속이는구나."

"어떤 것이 인간의 종적이 멀리 끊어진 곳의 불법입니까?"
"우뚝우뚝한 산봉우리가 푸르고 꽃다우니라."
"그러면 하나의 참된 이치는 우아함과 추루함이 다르지 않겠습니다."
"그런 도리가 아니다."

"어떤 것이 불법의 대의입니까?"
"대젓가락 한 벌은 한 쌍이니라."

僧曰。如何是道。師曰。冬田半折耗。問如何是學人自己。師便與一蹋。僧作接勢。師便與一摑。僧無對。師曰。賺殺人。問如何是迥絶人煙處佛法。師曰。巓山峭峙碧芬芳。僧曰。恁麼即一眞之理華野不殊。師曰。不是這簡道理。問如何是佛法大意。師曰。竹筋一文一雙。

복주(福州) 임양산(林陽山) 서봉원(瑞峯院) 지단(志端) 선사 101

밤중에 어떤 승려가 찾아오니 대사가 물었다.
"누구인가?"
"아무개입니다."
"천주(泉州)의 사탕과 배 위의 빈랑(檳榔)[10]이니라."
승려가 말없이 있으니, 대사가 말하였다.
"알겠는가?"
"모르겠습니다."
"그대가 만일 안다면 오온이 활짝 맑아져서 시방을 온통 삼키리라."

대사는 개보(開寶) 원년 8월에 이런 게송을 지어 두었다.

내년 2월 2일에
그대들을 잠시 버리고 떠나리니

有僧夜參。師曰。阿誰。僧曰。某甲。師曰。泉州沙糖舶上檳榔。僧良久。師曰。會麼。僧曰。不會。師曰。你若會即廓清五蘊吞盡十方。師開寶元年八月內遺偈曰。

來年二月二
別汝暫相棄

---

10) 빈랑(檳榔) : 담배와 비슷한 기호 식품.

태운 재를 사방 풀밭에 뿌려서
시주의 땅을 차지하지 않게 하라

  이 게송이 시자에 의하여 전해지니, 대중이 모두 써서 외웠다. 이듬해 정월 28일에 고을 백성들이 앞을 다투어 산으로 와서 뵈었으나, 대사는 아무런 병이 없고 참문에 응하는 일도 여전하였다.
  2월 1일이 되어 군수가 관원들을 거느리고 절에 와서 밤이 지나도록 살피니 절이 저자와 같았다. 2일 아침이 되자 대사는 공양을 마치고 법상에 올라 대중을 하직하였다.
  이때에 원응(圓應) 장로라는 이가 나서서 절을 하고 물었다.
  "구름도 노을도 근심에 싸이고 대중이 슬퍼하는데, 스님께서 한 마디 이별의 말씀도 없으시니 일러 주시기를 청합니다."
  대사가 발 하나를 늘어뜨렸다. 이에 원응이 다시 말하였다.

爇灰散四林
勿占檀那地
此偈因侍者傳於外。四眾咸寫而記之。至明年正月二十八日。州民競入山瞻禮。師身無恙參問如常。全二月一日州主率諸官同至山偵伺經宵。院中如市。二日師齋罷上堂辭眾。時有圓應長老。出眾作禮問曰。雲愁霧慘大眾鳴呼請師一言未在告別。師垂一足。應曰。

복주(福州) 임양산(林陽山) 서봉원(瑞峯院) 지단(志端) 선사 103

"법의 거울이 여기에 임하지 않는다면 보배 달이 다시 어디를 비추겠습니까?"

"그대의 경지가 아니다."

"그러한즉 거품이 일어났다 꺼져도 다시 물로 돌아가겠고, 스님께서 가시거나 오시거나 본래 그대로이겠습니다."

대사가 기침 소리를 냈다.

다시 어떤 승려가 몇 가지 일을 물으니, 대사는 모두 대답을 한 뒤에 자리에서 내려와 방장으로 돌아가 앉았다. 해시(亥時)가 되니 대중에게 물었다.

"세존께서 열반에 드신 때가 무슨 시절인가?"

대중이 모두 대답하였다.

"2월 15일 자시입니다."

"나는 오늘 자시 전이라 하노라."

말을 마치자 열반에 들었다.

法鏡不臨於此土。寶月又照於何方。師曰。非君境界。應曰。恁麼即漚生漚滅還歸水。師去師來是本常。師作噓聲。復有僧問數則語。師皆酬答然後下座。歸方丈安坐至亥時。問眾曰。世尊滅度是何時節。眾曰。二月十五日子時。師曰。吾今日子時前。言訖長往。

 토끼뿔

"어떤 것이 인간의 종적이 멀리 끊어진 곳의 불법입니까?" 했을 때

대원은 "초겨울 국화꽃이 흰 눈을 이고 있다." 하리라.

복주(福州) 홍성(興聖) 만(滿) 선사

만(滿) 선사가 법상에 올라 말하였다.

"마주 대하여 전해 주는 일에 문자를 쓰지 않고, 안목을 갖춰서 기틀에 합치하는 이를 참현상사(參玄上士)[11]라 부른다. 만일 이와 같이 하면 종풍이 땅에 떨어지지 않는다."

어떤 승려가 물었다.

"옛날 영산회상의 뜻을 오늘 홍성의 법회에서 화상께서 친히 전하심에 어떻게 제창하시겠습니까?"

대사가 말하였다.

"그대의 한 질문이 흠이로구나."

福州興聖滿禪師。師上堂曰。覿面分付不待文宣。具眼投機喚作參玄上士。若能如此所以宗風不墜。僧問。昔日靈山會裏今朝興聖筵中。和尚親傳如何舉唱。師曰。欠汝一問。

---

11) 참현상사(參玄上士) : 깊은 이치를 깨우치거나 깊이 수행한 덕 있는 이.

 토끼뿔

"옛날 영산회상의 뜻을 오늘 홍성의 법회에서 화상께서 친히 전하심에 어떻게 제창하시겠습니까?" 했을 때

대원은 "날이면 날마다 모두가 제창한 일을 가지고 묻는구나." 하리라.

복주(福州) 선종원(僊宗院) 명(明) 선사

명(明) 선사가 법상에 올라 말하였다.

"다행히 이러한 가문의 가풍이 있거늘 왜 밝은 바탕을 계승하지 못하는가? 만일 계승할 수 있다면 삼계가 있지 않을 것이다. 만약 삼계를 벗어났다면 삼계가 무너졌을 것이요, 삼계에 있다면 삼계에 걸린 것이다. 걸림도 없고 무너짐도 없다면, 삼계를 벗어났으나 삼계를 벗어난 것도 아니다. 이렇게 깨달으면 불법의 종자가 되기에 넉넉하고 인간과 하늘은 믿을 곳이 있으리라."

어떤 승려가 물었다.

"구름을 손에 쥐어 바람이나 우뢰를 빌리지 않듯 하려면, 빠른 물결에서 어떻게 해야 몸을 얻어 통하겠습니까?"

대사가 말하였다.

"어째서 근본을 버리고 끝을 쫓는가?"

福州僊宗院明禪師。師上堂曰。幸有如是門風何不烜赫地紹續取去。若也紹得不在三界。若出三界即壞三界。若在三界即礙三界。不礙不壞是出三界。是不出三界。恁麼徹去堪為佛法種子人天有賴。有僧問。拏雲不假風雷便。迅浪如何透得身。師曰。何得棄本逐末。

 토끼뿔

"구름을 손에 쥐어 바람이나 우뢰를 빌리지 않듯 하려면, 빠른 물결에서 어떻게 해야 몸을 얻어 통하겠습니까?" 했을 때

대원은 "얻은 몸이라면 통할 수 없다." 하리라.

복주(福州) 안국원(安國院) 상(祥) 화상

상(祥) 화상이 법상에 올라 잠시 소리 없이 있다가 말하였다.
"참으로 부질없는 일이다. 그러나 어쩔 수 없다. 만일 여기에서 눈치를 채지 못하는 이가 있으면 다시 방편을 열어 보이리라. 알겠는가?"
어떤 승려가 물었다.
"방편을 사용하지 않고 자비를 베풀어 주십시오."
대사가 말하였다.
"그대가 묻고 내가 대답하는 것이 방편이다."

"사물에 응하여 형상을 나타내는 것이 물속의 달과 같다 하는데, 어떤 것이 물속의 달입니까?"
대사가 불자를 들어 올렸다.

福州安國院祥和尚。師上堂頃間乃失聲云。大是無端。雖然如此事不得已。於中若有未覯者更開方便。還會麼。僧問。不涉方便乞師垂慈。師曰。汝問我答是方便。問應物現形如水中月。如何是月。師提起拂子。

"옛사람이 어째서 물속의 달은 형상이 없다고 했습니까?"
"무엇을 보았는가?"

"어떤 것이 종승의 일입니까?"
"회군(淮軍)이 없어진 뒤이니라."

"어떤 것이 화상의 가풍입니까?"
"대중의 눈을 속이기 어렵다."

僧曰。古人爲什麽道水月無形。師曰。見什麽。問如何是宗乘中事。師曰。淮軍散後。問如何是和尙家風。師曰。衆眼難謾。

토끼뿔

ᑎ "방편을 사용하지 않고 자비를 베풀어 주십시오." 했을 때

대원은 "모두가 나 먼저 누설하는 것을 듣지도 보지도 못했단 말인가? 귀는 있어도 귀머거리고 눈은 있어도 봉사로구나." 하리라.

ᑎ "어떤 것이 종승의 일입니까?" 했을 때

대원은 "어떠냐?" 하리라.

ᑎ "어떤 것이 화상의 가풍입니까?" 했을 때

대원은 "어느 때 볼 수 없더냐?" 하리라.

앞의 장주(漳州) 보복원(保福院) 종전(從展) 선사의 법손

천주(泉州) 초경원(招慶院) 성등(省燈) 정수(淨修) 대사

정수 대사가 처음에 보복에게 참문하여 문답 끝에 비밀한 뜻을 깨달았다.
어느 날 보복이 대전(大殿)에 들어가서 불상을 보다가 손을 들고 대사에게 물었다.
"부처님께서 이렇게 하신 뜻이 무엇인고?"
대사가 말하였다.

前漳州保福院從展禪師法嗣。泉州招慶院省燈淨修大師。師初參保福問答冥符。一日保福人大殿觀佛像。乃擧手問師曰。佛恁麼意作麼生。師對曰。

"화상이 열반하셨습니다."
"말뚝 하나마저도 나는 스스로 거둔다."
"오직 화상만이 열반한 것은 아닙니다."
보복이 옳다고 여겼다.

나중에 초경에 살았는데, 개당하는 날 자리에 올라 조금 있다가 말하였다.
"대중은 나중에 가는 곳마다 도반을 만나거든 어떻게 이야기하려는가? 누군가 말할 수 있다면 대중 앞에서 이야기해 봐라. 만일 이야기할 수 있다면 위로 조사를 저버리지 않을 것이며, 후생들을 묻어 버리지도 않을 것이다. 옛사람이 말하기를 '마음을 통한 군자는 문자 이외의 견해에서 서로 본다.'라고 했으니, 그런 사람이 있겠는가? 하물며 조계 문하의 자손인데, 어떻게 이치를 논해야 되겠으며 어떻게 제창해야 되겠는가?"

和尚也是橫身。日一橛我自收取。師日。和尚非唯橫身。保福然之。後住招慶。初開堂陞座少頃日。大眾向後到處遇道伴。作麼生舉似他。若有人舉得試對眾舉看。若舉得免孤負上祖。亦免埋沒後來。古人道通心君子文外相見。還有這箇人麼。況是曹谿門下子孫合作麼生理論。合作麼生提唱。

어떤 승려가 물었다.

"옛날 각성(覺城) 동쪽에서는 상왕(象王)[12]이 거동을 했는데, 오늘 민령(閩嶺)의 남쪽에서는 어떻게 제접하시겠습니까?"

대사가 말하였다.

"알겠는가?"

"그러면 한 기틀이 열리는 곳은 네 구절로는 따르기 어려우니, 위로부터의 종문에서는 어떠한 일을 성취하셨습니까?"

"물러서서 절을 하고 대중의 차례에 따르라."

"온전히 제창해도 이르지 못하는 곳을 스님께서 헤아려 주십시오."

"손뼉을 치면 되겠는가?"

"그러면 알겠습니다."

"잘못 알지 말라."

僧問。昔日覺城東際象王迴旋。今日閩嶺南方如何提接。師曰。會麼。曰恁麼即一機啟處四句難追。未委從上宗門成得什麼邊事。師曰。退後禮拜隨眾上下。問全提不到請師商量。師曰。拊掌得麼。僧曰。恁麼即領會去也。師曰。莫錯。

---

12) 상왕(象王) : 부처님.

"어찌하여야 자기도 상하지 않고 남도 저버리지 않겠습니까?"
"이런 질문이나 해서 그대를 무시하는 것이 아닌가?"
"이렇게 올라온 것이 이미 스승님의 가리킴 덕분입니다."
"그대가 또 나를 무시해서 어찌하자는 것인가?"

"칼날이 마주 선 한 구절을 스님께서 일러 주십시오."
"아!"
승려가 다시 물으니, 대사가 말하였다.
"이 잠에 취한 놈아."

대사가 어떤 승려에게 물었다.
"어디서 왔는가?"
"보은(報恩)에서 왔습니다."
대사가 말하였다.
"승당(僧堂)이 얼마나 큰가?"

問如何得不傷於己不負於人。師曰。莫屈著汝這問麼。僧曰。怎麼上來已蒙師指也。師曰。汝又屈著我作麼。問當鋒一句請師道。師曰。嗄。僧再問。師曰。瞌睡漢。師問僧。離什麼處。曰報恩。師曰。僧堂大小。

"화상께서 일러 보십시오."
"어찌 묻기를 기다렸겠는가?"

어떤 이가 물었다.
"학인은 온전한 몸을 모르겠습니다. 스님께서 가리켜 보여 주십시오."
"웃을 줄은 아는가?"
대사가 또 말하였다.
"오래전부터 총림에서 통달한 이는 가벼이 대하지 않았다. 처음으로 발심한 후학 중 믿지 못하는 이가 있다면 당장에 믿어 취해야 하고, 살피지 못한 이는 바로 살펴서 헛되이 범하지 말라. 여러 사람의 본분의 거처는 잠시도 드러나지 않는 때가 없어 한 물건도 덮인 것이 없다. 지금 알고자 하거든 털끝만큼도 옮길 필요가 없고, 조금의 공부도 할 것 없이 그저 큰 바탕의 지위만을 알아차려라.

曰和尚試道看。師曰。何不待問。問學人全身不會請師指示。師曰。還解笑得麼。師又曰。叢林先達者不敢相觸忤。若是初心後學未信直須信取。未省直須省取。不受略¹³⁾虛。諸人本分玄處。未有·時不顯露。未有一物解蓋覆得。如今若要知不用移絲髮地。不用少許工夫。但向博地位中承當取。

---

13) 略이 원나라본에는 掠으로 되어 있다.

이 어찌 힘을 더는 일이 아니랴. 이미 살펴 깨달았다면 그는 바로 여러 부처님과 어깨를 나란히 하고 다닐 것이다. 이런 고로 백정식이라는 것마저 버려야 하는 것이니, 오늘 백정식의 몸과 마음이 온통 그 깨달음이어야 한다. 그러면 자연히 옛과 지금이 하나가 되어 생사를 여읠 것이다.

옛사람이 말하기를 '마음을 알아 근본을 통달해서 무위의 법을 알아야 비로소 사문이라 부른다.'라고 했으니, 지금 여러 관원들과 대중은 각각 체득해서 알아야 한다. 스승에게 지나치게 미루지 말라. 불법은 평등하여 위로는 모든 부처님에게 이르고, 아래로는 온갖 중생에게 이르기까지 일체가 동일한 일이다. 이미 이러하거늘 누구에게 있고, 누구에게 없으랴. 나라에 충성을 다하는 이외에는 이 일에 힘쓰라.

아까부터 허다한 말을 한 것은 어쩔 수 없어서 한 것이니, 위로부터의 종문에서 이런 말을 했다고 여기지 말라.

豈不省心力。既能省得。便與諸佛齊肩。依而行之。緣此事是箇白淨去處。今日須得白淨身心合他。始得自然合古合今脫生離死。古人云。識心達本解無為法方號沙門。如今諸官大眾各須體取。好莫全推過師僧分上。佛法平等上至諸佛下至一切共同此事。既然如此誰有誰無。勤王之外亦須努力。適來說如許多般。蓋不得已而已。莫道從上宗門合恁麼語話。

위로부터의 종문에 어떻게 해야 부합하겠는가? 알겠는가? 만약에 어떤 사람이 안다 하더라도 나는 오늘 눈〔雪〕 위를 가는 것이라 하리라. 오래 서 있었다. 대중이여, 안녕."

只如從上宗門合作麼生還相悉麼。若有人相悉。山僧今日得雪去也。久立大眾珍重。

 토끼뿔

∽ "그러면 한 기틀이 열리는 곳은 네 구절로는 따르기 어려우니, 위로부터의 종문에서는 어떠한 일을 성취하셨습니까?" 했을 때

대원은 "가까이 오라." 해서 한 방망이 때렸을 것이다.

∽ "온전히 제창해도 이르지 못하는 곳을 스님께서 헤아려 주십시오." 했을 때

대원은 "악!" 하고 할을 했을 것이다.

∽ "학인은 온전한 몸을 모르겠습니다. 스님께서 가리켜 보여 주십시오." 했을 때

대원은 "마루 앞마당에 구르는 낙엽이 이르는구나." 하리라.

장주(漳州) 보복원(保福院) 가주(可儔) 명변(明辯) 대사

명변 대사에게 어떤 승려가 물었다.
"어떤 것이 화상의 가풍입니까?"
대사가 말하였다.
"구름은 푸른 하늘에 있고 물은 병에 있다."

"어떤 것이 취모검(吹毛劍)입니까?"
"깜짝 사이에 떨어진다."
"쓸 수 있습니까?"
"귀신의 소리를 말라."

漳州保福院可儔明辯大師。僧問。如何是和尚家風。師曰。雲在靑天水在缾。問如何是吹毛劍。師曰。瞥落也。僧曰。還用也無。師曰。莫鬼語。

🐦 토끼뿔

"어떤 것이 취모검(吹毛劍)입니까?" 했을 때

대원은 "꽃은 붉고 잎은 푸르다." 하리라.

서주(舒州) 백수(白水) 해회원(海會院) 여신(如新) 선사

여신 선사가 법상에 올라 말없이 보이고 말하였다.
"예의가 번거로우면 어지럽다."
어떤 승려가 물었다.
"위로부터의 종승을 어떻게 제창합니까?"
대사가 말하였다.
"나홀로라는 견해를 굴려라."
"친절한 자리를 한 말씀 해주십시오."
"청정함은 얻는 것이 아니거늘 다른 이에게서 들으라."

"가섭이 단박에 안 일은 어떤 것입니까?"
"그대가 안다면 나를 인색하다 하지 않을 것이다."

舒州白水海會院如新禪師。師上堂良久乃曰。禮煩即亂。僧問。從上宗乘如何擧唱。師曰。轉見孤獨。僧曰。親切處乞師一言。師曰。不得雪也聽他。問如何是迦葉頓領底事。師曰。汝若領得我即不悋。

"그러면 스님을 번거롭게 하지 않겠습니다."
"또 방망이를 들어야 되겠는데 어찌 번거롭지 않으랴."

어떤 승려가 물었다.
"옛사람이 이렇게 저렇게 말했지만 모든 것을 초월했다는 것마저 세우지 않는 한 관문은 알지 못했다 하리니, 어떤 것이 모든 것을 초월했다는 것마저 세우지 않는 한 관문입니까?"
대사가 말하였다.
"다행히 부모가 낳아준 팔이 짧구나."

"어떤 것이 조사의 뜻입니까?"
"말하려면 무엇이 어렵겠는가?"
"말씀해 주십시오."
"영리하다고 여겼더니 선타바(仙陀婆)는 아니구나."

僧曰。恁麼即不煩於師去也。師曰。又須著棒爭得不煩。僧問。古人橫說竪說猶未知向上一關隸子。如何是向上一關子。師曰。賴遇孃生臂短。問如何是祖師意。師曰。要道何難。僧曰。便請師道。師曰。將謂靈利又不仙陀。

"영양(羚羊)이 뿔을 걸 때에는 어떠합니까?"
"이렇게 오고 또 이렇게 간다."
"어째서 그렇습니까?"
"다만 교분의 웃음만을 볼 뿐 왜 그런 줄은 모른다."

問羚羊掛角時如何。師曰。恁麼來又恁麼去。僧曰。為什麼如此。師曰。只見好笑不知為什麼如此。

토끼뿔

◌ "옛사람이 이렇게 저렇게 말했지만 모든 것을 초월했다는 것마저 세우지 않는 한 관문은 몰랐다 하니, 어떤 것이 모든 것을 초월했다는 것마저 세우지 않는 한 관문입니까?" 했을 때

대원은 "차나 들라." 하리라.

◌ "영양(羚羊)이 뿔을 걸 때에는 어떠합니까?" 했을 때

대원은 "이렇다." 하리라.

홍주(洪州) 장강(漳江) 혜렴(慧廉) 선사

혜렴 선사가 개당하는 날에 어떤 승려가 물었다.
"옛날 범왕(梵王)이 부처님께 청한 것은 불법을 받들기 위한 마음이었는데, 오늘 대신들이 자리에 모였으니 스님은 어떻게 구제하시겠습니까?"
대사가 말하였다.
"달리 베풀 것이 없다."
"어째서 베풀 것이 없다 하십니까?"
"어디를 갔다 왔는가?"

"스님께서 보배 자리에 오르신 것은 지금의 시절을 간곡히 위해서인데, 사부대중이 모두 우러러 뵈니 스님께서 제접해 주십시오."
"어느 곳에서 그대는 굴욕을 당했는가?"

洪州漳江慧廉禪師。師初開堂有僧問。昔日梵王請佛蓋為奉法之心。今日朱紫臨筵。未審師如何拯濟。師曰。別不施行。僧曰。為什麼不施行。師曰。什麼處去來。問師登寶座曲為今時。四眾攀瞻請師接引。師曰。什麼處屈汝。

"그러시면 자비로운 방편의 길을 보여 주셔서 곧바로 사람들을 저버리지 않으셨군요."
"취하여 가지려는 것을 그만두는 것이 좋겠다."

"어떤 것이 장강의 경지입니까?"
"지장이 눈썹을 찡그린다."
"어떤 것이 경지 안의 사람입니까?"
"보현이 소매를 걷어 올린다."

"어떤 것이 장강의 물입니까?"
"쓰다."

"어떤 것이 장강의 제일구입니까?"
"딴 곳에 가거든 잘못 전하지 말라."

僧曰。恁麼即垂慈方便路。直下不孤人也。師曰。也須收取好。問如何是漳江境。師曰。地藏皺眉。曰如何是境中人。師曰。普賢摻袂。問如何是漳江水。師曰苦。問如何是漳江第一句。師曰。到別處不得錯舉。

 토끼뿔

⌘ "옛날 범왕(梵王)이 부처님께 청한 것은 불법을 받들기 위한 마음이었는데, 오늘 대신들이 자리에 모였으니 스님은 어떻게 구제하시겠습니까?" 했을 때

대원은 "어찌 이때까지 듣지도 보지도 못했는가?" 하리라.

⌘ "스님께서 보배 자리에 오르신 것은 지금의 시절을 간곡히 위해서인데, 사부대중이 모두 우러러 뵈니 스님께서 제접해 주십시오." 했을 때

대원은 "제접해 마쳤다." 하리라.
"험."

복주(福州) 보자원(報慈院) 문흠(文欽) 선사

문흠 선사에게 어떤 이가 물었다.
"어떤 것이 모든 부처님들의 경지입니까?"
대사가 말하였다.
"비가 오려면 구름과 안개로 어둡고, 날이 개면 일월이 밝다."

"어떤 것이 묘각명심(妙覺明心)입니까?"
"올겨울의 좋은 늦벼는 가을비 올 때부터 영글었느니라."

"항하의 모래같이 묘한 작용이란 어떤 것입니까?"
"구름은 푸른 봉우리에서 생기고, 비는 푸른 하늘에서 내린다."

福州報慈院文欽禪師。問如何是諸佛境。師曰。雨來雲霧闇晴乾日月明。問如何是妙覺明心。師曰。今冬好晚稻出自秋雨成。問如何是妙用河沙[14]。師曰。雲生碧岫雨降青天。

---

14) 用河沙이 원나라본에는 覺聞心으로 되어 있다.

"어떤 것이 도에 합한 평상심(平常心)입니까?"
"차를 마시고 밥을 먹으니 세월이 지나가고, 산을 보고 물을 보는 것이 실답게 펴는 본성이니라."

問如何是平常心合道。師曰。喫茶喫飯隨時過。看水看山實暢情。

🐦 토끼뿔

"어떤 것이 도에 합한 평상심(平常心)입니까?" 했을 때

대원은 "그런 질문 안 하는 마음이니라." 하리라.

천주(泉州) 만안원(萬安院) 청운(淸運) 자화(資化) 선사

자화 선사에게 어떤 승려가 물었다.
"용계(龍溪)의 한 파가 진수(晋水)로 법등을 나누었는데, 만안(萬安)이 자리에 나오셨으니 어떻게 가리켜 보이시겠습니까?"
대사가 말하였다.
"어떤 결단이어야 부합하겠는가?"
"스님께서는 허락하시겠습니까?"
"재차 무엇 하리오."
"옛날 용계(龍谿)의 비밀한 뜻을 오늘 만안이 드날리시니, 인간과 하늘들이 귀를 기울여 듣습니다. 스님께서 베풀어 주십시오."
"들었는가?"
"그러면 다섯 무리가 이미 스님의 가리켜 보여 주심을 받아 성동(城東)15)에서 열 가지 눈이 열린 것과 다르지 않겠습니다."
"다섯 무리는 그만두고 그대는 어떠한가?"

泉州萬安院淸運資化禪師。僧問。龍溪 派晉水分燈。萬安臨筵如何指示。師曰。作麼生折合。僧曰。未審師還許也無。師曰。更作麼生。僧曰。昔日龍谿密旨今朝萬安顯揚。人天側聆願垂開演。師曰。還聞麼。僧曰。恁麼即五眾已蒙師指的。不異城東十眼開。師曰。五眾且置仁者作麼生。

---

15) 성동(城東) : 사위성 동쪽.

"오랫동안 그윽한 곳에 있었지만 온전한 몸을 알지 못하겠으니, 스님께서 가리켜 보여 주십시오."

"그런 물음은 그대를 굴욕하는 것이 아니겠는가?"

"그러면 절을 하고 물러가서 대중의 서열을 따르겠으니 허락하시겠습니까?"

"고요한 곳에 사바하니라."

"모든 부처님들이 나타나실 때에는 하늘땅이 진동했는데, 화상께서 세상에 나타나실 때에는 어떠하였습니까?"

"그대를 향해서 이렇게 이르느니라."

"그러면 부처님들과 다르지 않겠습니다."

"어지러이 지껄이지 말라."

"어떤 것이 만안의 가풍입니까?"

"김국에 쌀밥이니라."

問久處幽冥全身不會乞師指示。師曰。莫屈著汝問麼。曰恁麼即禮拜隨眾上下。師還許也無。師曰。靜處薩婆訶。問諸佛出世震動乾坤和尚出世未審如何。師曰。向汝恁麼道。僧曰。恁麼即不異諸聖去也。師曰。莫亂道。問如何是萬安家風。師曰。苔羹倉米飯。

"높은 손님이 오면 무엇으로 대접합니까?"
"밥 먹은 후에 차 석 잔을 마시니라."
"어떤 것이 만안의 경지입니까?"
"한 탑의 송라(松蘿)¹⁶⁾가 바라보는 바다가 푸르르다."

僧曰。忽遇上客來將何祇待。師曰。飯後三巡茶。問如何是萬安境。師曰。一塔松蘿望海清。

---

16) 송라(松蘿) : 소나무 가지에 기생하는 식물.

 토끼뿔

"용계(龍溪)의 한 파가 진수(晋水)로 법등을 나누었는데, 만안(萬安)이 자리에 나오셨으니 어떻게 가리켜 보이시겠습니까?"했을 때

대원은 선장을 세웠다 눕히고 내리쳤을 것이다.

장주(漳州) 보은원(報恩院) 도희(道熙) 선사

도희 선사가 처음에 보복(保福)의 심부름으로 천주(泉州)의 왕태위(王太尉)에게 서신을 전하러 가니, 태위가 물었다.
"장남(漳南) 화상이 요즘도 사람들을 위합니까?"
대사가 말하였다.
"만일 사람들을 위한다면 이는 곧 화상을 무시하는 것이요, 사람들을 위하지 않는다 하면 태위의 물음을 무시하는 것입니다."
태위가 말하였다.
"일구(一句)를 기다렸다 이르심을 취하니, 무쇠소가 풀을 뜯고 나무말이 연기를 머금는다 하리라."
대사가 말하였다.
"저는 애석하게도 입으로 밥을 먹습니다."

漳州報恩院道熙禪師。初與保福送書往泉州王太尉處。太尉問。漳南和尚近日還為人也無。師曰。若道為人即屈著和尚。若道不為人。又屈著太尉來問。人尉曰。道取一句待鐵牛能齧草木馬解含煙。師曰。某甲惜[17]口喫飯。

---

17) 惜이 원나라본에는 借로 되어 있다.

태위가 양구(良久)하고 있다가 또 물었다.
"나귀로 왔습니까, 말로 왔습니까?"
대사가 말하였다.
"나귀나 말의 길이라면 맞지 않습니다."
"그러면 어떻게 이 속에 올 수 있었습니까?"
"태위께서 말을 알아들으시는 것이 매우 고맙습니다."

어떤 승려가 물었다.
"유명한 말과 묘한 구절은 묻지 않겠으나, 스님의 진실함을 듣고자 합니다."
"온 뜻을 방해하지 않는다."

太尉良久又問。驢來馬來。師曰。驢馬不同途。太尉曰。爭得到這裏。師曰。特謝太尉領話。僧問。名言妙句即不問。請師眞實。師曰。不阻來意。

 토끼뿔

"유명한 말과 묘한 구절은 묻지 않겠으나, 스님의 진실함을 듣고자 합니다." 했을 때

대원은 "누구에게라도 잘못 전하지 말라." 하리라.

천주(泉州) 봉황산(鳳凰山) 종침(從琛) 홍인(洪忍) 선사

홍인 선사에게 어떤 이가 물었다.
"어떤 것이 화상의 가풍입니까?"
대사가 말하였다.
"종문의 가풍이 비슷하면 막힘이 없겠지만 학인은 그런 사람이 아니다."
"홀연히 그런 사람을 만날 때에는 어찌하겠습니까?"
"미리 긁고서 가렵기를 기다리지 말라."
"학인이 근기와 생각이 둔하니, 방편문 가운데 스님의 방별어(傍鱉語)[18]를 바랍니다."
"방별어니라."
"스님의 종지를 깊이 깨달은 것을 어찌 감히 말로 하겠습니까?"
"말이 많구나."

泉州鳳凰山從琛洪忍禪師。問如何是和尚家風。師曰。門風相似卽無阻矣。學人不是其人。僧曰。忽遇恁麼人時如何。師曰。不可預搔而待痒。問學人根思遲迴方便門中乞師傍鱉。師曰。傍鱉。僧曰。深領師旨安敢言乎。師曰。太多也。

---

18) 방별어(傍鱉語) : 약칭으로 방별이라고 하며, 스승이 배우는 이들을 제접해 교화할 때 바로 보임이 아니고, 방편으로 보이는 것을 뜻한다.(略稱傍鱉師家接化學人時不以正面提示之方法)

대사가 언젠가 법상에 오르니, 어떤 승려가 나와서 절을 하고 물러섰다. 이에 대사가 말하였다.
"나는 그대와 같지 않다."
승려가 "예."라고 하니, 대사가 말하였다.
"아무것도 없다는 곳마저 놓아 버려라."

"옛날 영산회상에서는 부처님께서 온통인 소리로 설하셨다는데, 오늘 스님께서도 온통인 소리로 설해 주십시오."
대사가 한참 말없이 보이니, 승려가 말하였다.
"그러면 대중이 단박에 의심을 쉬겠습니다."
"대중에게 흙탕물을 뿌리지 않는 것이 좋겠다."

"부처님들 모두가 하나의 큰 인연 때문에 세상에 나셨다 하는데, 화상께서는 무엇으로 구제하십니까?"
"바람이 서늘해서 퍽 좋다."

師有時上堂。有僧出來禮拜退後立。師曰。我不如汝。僧應諾。師曰。無人處放卜著。問昔日靈山會上佛以一音演說。今日請師一音演說。師良久。僧曰。恁麼即大眾頓息疑網去也。師曰。莫塗污大眾好。問諸佛皆以大事因緣故出現於世。未審和尚如何拯濟。師曰。大好風涼。

"어떤 것이 학인 자신의 일입니까?"
"곰곰히 생각하면 흐르는 세월의 일을 가히 아느니라."

"어떤 것이 봉황의 경지입니까?"
"눈 내린 밤에 밝은 달을 본다."

"어떤 것이 서쪽에서 오신 뜻입니까?"
"사람을 추한 심부름꾼으로 만드는구나."
"남을 위한다는 뜻이 어디에 있습니까?"
"그대를 업신여기지 말라."

問如何是學人自己事。師曰。暗算流年事可知。問如何是鳳凰境。師曰。雪夜觀明月。問如何是西來意。師曰。作人醜差。僧曰。爲人何在。師曰。莫屈著汝麼。

 토끼뿔

"옛날 영산회상에서는 부처님께서 온통인 소리로 설하셨다는데, 오늘 스님께서도 온통인 소리로 설해 주십시오." 했을 때

대원은 "바로 듣고 바로 말한 이라면 어찌 온통인 소리라곤들 하랴." 하리라.

복주(福州) 영륭원(永隆院) 영(瀛) 화상 명혜(明慧) 선사

명혜 선사가 법상에 올라 말하였다.
" '일찍 일어났다고 하려 했더니 밤에 다니는 이가 있었구나.'라고 한 말이 비슷하기는 하나 옳지는 않다. 안녕."
어떤 이가 물었다.
"함이 없고 일도 없는 사람이 어째서 금사슬을 꺼리어 피합니까?"
대사가 말하였다.
"가늘고 거친 것을 끊기 위하여 귀하고 존중한 데 머무는 것마저 꺼리어 피하느니라."
"그렇다면 어째서 함이 없고 일도 없는 사람이 진실로 쾌락한 경지에 소요한다곤들 하겠습니까?"
"소란스럽구나, 끊어 버려라."

福州永隆院瀛和尚明慧禪師。師上堂曰。謂言侵早起更有夜行人。似即似是即不是。珍重。問無爲無事人爲什麼却是金鎖難。師曰。爲斷麁纖貴重難留。曰爲什麼道無爲無事人逍遙實快樂。師曰。爲鬧亂且要斷送。

어떤 승려가 참문하니 대사가 말하였다.
"허다한 일들을 요구하여 얻으려 말고 속히 일러라, 속히 일러."
승려가 대답이 없었다.

대사가 언젠가 대중에게 보이고 말하였다.
"해가 뜨는 묘시(卯時)부터 작용하는 곳에서 잔꾀를 부리지 말라."
"어떻게 닦아 나아가야 근원에 사무칠 수 있습니까?"
"의지하여 행하여라."

　　有僧參。師曰。不要得許多般數速道速道。僧無對。師有時示眾曰。日出卯用處不須生善巧。問如何進向得達本源。師曰。依而行之。

 토끼뿔

ᑈ "함이 없고 일도 없는 사람이 어째서 금사슬을 꺼리어 피합니까?" 했을 때

대원은 "아직도 겨울보다 봄을 즐기는 자로구나." 하리라.

ᑈ "어떻게 닦아 나아가야 근원에 사무칠 수 있습니까?" 했을 때

대원은 엄지를 세운 다음, "험" 했을 것이다.

홍주(洪州) 청천산(淸泉山) 수청(守淸) 선사

수청 선사는 복주(福州)의 민현(閩縣)사람으로 성은 임(林)씨이다. 암배산(巖背山)에서 출가하여 마음을 깨친 뒤에는 청에 따라 청천산에 사니, 배우는 무리가 모여들었다.

어떤 승려가 물었다.
"어떤 것이 부처입니까?"
대사가 말하였다.
"묻는구나."
"어떤 것이 조사입니까?"
"대답한다."

"화상께서 옛사람을 보시고 무엇을 얻었기에 이 산에 사십니까?"
"그대가 긍정하지 않을 줄은 짐작했었다."

洪州淸泉山守淸禪師。福州閩縣人也。姓林氏。出家於巖背山。悟心之後受請居淸泉。玄侶臻集。問如何是佛。師曰。問。僧曰。如何是祖。師曰。答。僧問。和尚見古人得箇什麽便住此山。師曰。情知汝不肯。

"제가 긍정하지 않을 줄 어떻게 아셨습니까?"
"거울로 얼굴빛을 분별한다."

"친절한 곳을 스님께서 한 말씀 일러 주십시오."
"이것을 지나는 것은 없다."

"옛사람이 벽을 향한 뜻이 무엇입니까?"
"있는 힘을 다했느니라."
"그러면 마음으로 힘써 분명하게 알았겠습니다."
"어디에 그런 사람이 있는가?"

"다른 것은 묻지 않겠습니다. 어떤 것이 모든 것을 초월했다는 것마저 세우지 않는 일입니까?"
"그대가 절 세 번을 했는가, 안 했는가?"

僧曰。爭知某甲不肯。師曰。鑒貌辨色。問親切處乞師一言。師曰。莫過此。問古人面壁為何事。師曰。屈。曰恁麼即省心力。師曰。何處有恁麼人。問諸餘即不問。如何是向上事。師曰。消汝三拜不消汝三拜。

 토끼뿔

∽ "친절한 곳을 스님께서 한 말씀 일러 주십시오." 했을 때

대원은 "더한 친절은 없다." 하리라.

∽ "옛사람이 벽을 향한 뜻이 무엇입니까?" 했을 때

대원은 "이와 다름없다." 하리라.

∽ "그러면 힘을 덜었겠습니다." 했을 때

대원은 "덜지 못했구나." 하리라.

장주(漳州) 보은원(報恩院) 행숭(行崇) 선사

행숭 선사에게 어떤 이가 물었다.
"어떤 것이 불법의 대의입니까?"
대사가 말하였다.
"방아를 찧고 맷돌을 가는 것이니라."

"조계의 온통인 길을 스님께서 드날려 주십시오."
"조계를 욕되게 하는 것이 아닌가?"
"그러면 중생들은 믿을 곳이 있겠습니다."
"그대는 늙은 쥐가 소금을 먹는 것 같구나."

"공(公)에도 사(私)에도 끌리지 않고서 어떻게 논의합니까?"
"차나 마셔라."

漳州報恩院行崇禪師。問如何是佛法大意。師曰。碓擣磨磨。問曹谿一路請師舉揚。師曰。莫屈著曹谿麼。曰恁麼即羣生有賴。師曰。汝也是老鼠喫鹽。問不涉公私如何言論。師曰。喫茶去。

"단하(丹霞)가 나무 불상을 태운 뜻이 무엇입니까?"
"날씨가 추우니 불을 피우고 쬐었다."
"취미(翠微)가 나한(羅漢)에게 공양한 뜻이 무엇입니까?"[19]
"그것 또한 한 집의 특별한 봄 풍경이었느니라."

問丹霞燒木佛意作麼生。師曰。時寒燒火向。曰翠微迎羅漢意作麼生。師曰。別是一家春。

---

19) 전등록 14권 '경조(京兆) 종남산(終南山) 취미(翠微) 무학(無學) 선사'편 참조.

🐦 토끼뿔

"조계의 온통인 길을 스님께서 드날려 주십시오." 했을 때

대원은 "외는 길고 박은 둥글다." 하리라.

담주(潭州) 악록산(嶽麓山) 화상

악록산 화상이 법상에 올라 말없이 보이고 대중에게 말하였다.
"옛날의 비로자나요, 오늘 아침의 악록이니라. 안녕."

"어떤 것이 빛과 소리 밖의 구절입니까?"
"원숭이의 울음이고 새의 지저귐이다."

"스님은 누구의 곡조를 부르시고, 종풍은 누구의 것을 이으셨습니까?"
"오음육률(五音六律)[20]이니라."

"혀를 끊는 구절을 스님께서 제창해 주십시오."
"해는 뜨겁고 달은 서늘하다."

潭州嶽麓山和尚。師上堂良久。謂眾曰。昔日毘盧今朝嶽麓。珍重。問如何是聲色外句。師曰。猿啼鳥叫。問師唱誰家曲宗風嗣阿誰。師曰。五音六律。問截舌之句請師舉揚。師曰。日能熱月能涼。

---

20) 오음육률(五音六律) : 옛날 중국 음악의 다섯 가지 음과 여섯 가지 율.

 토끼뿔

"어떤 것이 빛과 소리 밖의 말입니까?" 했을 때

대원은 "바로 이렇다." 하리라.

낭주(朗州) 덕산(德山) 덕해(德海) 선사

덕해 선사에게 어떤 승려가 물었다.
"영산의 한 모임에서 누가 알아들었습니까?"
대사가 말하였다.
"그대가 알아들었다."
"영산회상에서 무엇을 말씀하셨습니까?"
"그대가 아는 것이다."

"어떤 것이 하늘을 부리고 땅을 총괄하는 구절입니까?"
"대천세계가 요동한다."

朗州德山德海禪師。僧問。靈山一會何人得聞。師曰。闍梨得聞。曰未審靈山說箇什麼。師曰。即闍梨會。問如何是該天括地句。師曰。千界搖動。

"위로부터의 종승을 무엇으로 증험합니까?"
"위로부터는 그만두고, 지금은 어떻게 증험하는가?"
"대중이 모두 봅니다."
"말에 떨어졌다."

"어떤 것이 조사께서 서쪽에서 오신 뜻입니까?"
"엄지이니라."

問從上宗乘以何爲驗。師曰。從上且置卽今作麼生驗。曰。大眾總見。師曰。話墮也。問如何是祖師西來意。師曰。擘。

 토끼뿔

༄ "영산의 한 모임에서 누가 알아들었습니까?" 했을 때

대원은 "영산회상은 그런 모임이 아니다." 하고

"영산회상에서 무엇을 말씀하셨습니까?" 했을 때

대원은 "죽비는 무릎 위에 누웠다." 하리라.
"험."

༄ "어떤 것이 하늘을 부리고 땅을 총괄하는 구절입니까?" 했을 때

대원은 "그릇되게 전하지 말라." 하리라.

천주(泉州) 후초경(後招慶) 화상

후초경 화상에게 어떤 이가 물었다.
"마지막 한 구절을 스님께서 헤아려 주십시오."
대사가 말하였다.
"티끌 속의 사람은 저절로 늙고, 하늘가의 달은 항상 밝다."

"어떤 것이 화상의 가풍입니까?"
"병 하나, 발우 하나로 가는 곳마다 생활한다."

"어떤 것이 불법의 대의입니까?"
"부드럽고도 황홀한 새벽닭과 저녁 종소리이니라."

泉州後招慶和尚。問末後一句請師商量。師曰。塵中人自老天際月常明。問如何是和尚家風。師曰。一瓶兼一鉢到處是生涯。問如何是佛法大意。師曰。擾擾忽忽晨雞暮鐘。

토끼뿔

"마지막 한 구절을 스님께서 헤아려 주십시오." 했을 때

대원은 춤추고 노래했으리라.

낭주(朗州) 양산(梁山) 간(簡) 선사

간(簡) 선사가 새로 온 승려에게 물었다.
"어디서 왔는가?"
"약산(藥山)에서 왔습니다."
"약을 가지고 왔는가?"
"화상께서 이 산에 사시므로 잘못된 것이 없습니다."

朗州梁山簡禪師。師問新到僧。什麼處來。曰藥山來。師曰。還將得藥來麼。僧曰。和尚住山不錯。

 토끼뿔

"약을 가지고 왔는가?" 했을 때

대원은 "병 없는 곳에는 약도 필요 없다." 하리라.

홍주(洪州) 고안현(高安縣) 건산(建山) 징(澄) 선사

징(澄) 선사가 개당하는 날에 어떤 승려가 물었다.

"고을의 어른이 화상께 청하니, 어떻게 종교(宗教)를 거량(擧揚)하시겠습니까?"

대사가 말하였다.

"들었는가?"

"그러시면 대중은 믿을 곳이 있겠습니다."

"듣지 못하였구나."

"어떤 것이 법왕의 검입니까?"

"애석하구나."

"어떤 것이 인왕(人王)의 검입니까?"

"먼지는 마루 밑의 신을 덮었고, 바람은 시렁 위의 수건을 흔든다."

洪州高安縣建山澄禪師。開堂日有僧問牧長請命和尚如何舉揚宗教。師曰。還聞麼。僧曰。恁麼即大眾有賴。師曰。還是不聞。問如何是法王劍。師曰。可惜許。曰如何是人王劍。師曰。塵埋床下履風動架頭巾。

"일대시교(一代時教)로 지금의 사람을 제접하는데, 조사의 종지를 어떻게 사람에게 보입니까?"

"일대시교라면 이미 어떤 사람이 물어 마쳤다."

"화상께서는 어떻게 사람에게 보이셨습니까?"

"뜰 앞에 처량히 서 있는 홍한수(紅莧樹)는 해마다 잎만 돋고 꽃은 피지 않는다."

"묵은해는 지나가고 새해가 왔는데 나이를 먹지 않는 이도 있습니까?"

"어떠한가?"

"그러면 나이를 먹지 않은 것이겠습니다."

"성 위에서는 이미 새해의 고동을 불었는데, 들창 앞에는 여전히 묵은해의 등불이 켜져 있구나."

"어떤 것이 묵은해의 등불입니까?"

"납월 30일이니라."

問一代時教接引今時。未審祖宗如何示人。師曰。一代時教已有人問了也。曰和尚如何示人。師曰。惆悵庭前紅莧樹。年年生葉不生花。問故歲已去新歲到來。還有不受歲者無。師曰。作麼生。僧曰。恁麼即不受歲也。師曰。城上已吹新歲角。窓前猶點舊年燈。僧曰。如何是舊年燈。師曰。臘月三十日。

🐰 토끼뿔

"화상께서는 어떻게 사람에게 보이셨습니까?" 했을 때

대원은 "항상 보인 그대로다." 하리라.

복주(福州) 강산(康山) 계은(契穩) 법보(法寶) 대사

법보 대사가 처음 개당하는 날에 어떤 승려가 물었다.

"위음왕불 이후에 차례로 전해져 이제 한 회상의 스승이신데, 누구의 법을 이으셨습니까?"

대사가 말하였다.

"상골(象骨)에서 손을 흔들면 용계에서 고개를 끄덕인다."

"둥글고 밝고 가없는 고요함이라 해도 선사의 종지가 아니라 하니, 학인은 근원이 되는 것을 밝히지 못하겠습니다."

"밝히려 하면 얻을 수 없다."

"그러면 의식의 성품은 근원이 없겠습니다."

"신을 신고 발바닥의 가려운 곳을 긁는구나."

福州康山契穩法寶大師。初開堂有僧問。威音王已後次第相承。未審師今一會法嗣何方。師曰。象骨舉手龍谿點頭。問圓明湛寂非師旨。學人因底却不明。師曰。辨得木。僧曰。恁麼即識性無根去也。師曰。隔靴搔癢。

 토끼뿔

"그러면 의식의 성품은 근원이 없겠습니다." 했을 때

대원은 한 대 때리고 "아픈 것은 의식인데 누가 아느냐?" 했을 것이다.

담주(潭州) 연수사(延壽寺) 혜륜(慧輪) 대사

혜륜 대사에게 어떤 승려가 물었다.
"보배 검이 칼집에서 나오기 전에는 어떠합니까?"
대사가 말하였다.
"밖이 없다."
"칼집에서 나온 뒤에는 어떠합니까?"
"안이 없다."

"어떤 것이 온통인 빛입니까?"
"청·황·적·백이니라."
"아주 좋은 온통인 빛입니다."
"아무도 없다고 여겼더니 한 개의 반은 있구나."

潭州延壽寺慧輪大師。僧問。寶劍未出匣時如何。師曰。不在外。曰出匣後如何。師曰。不在內。問如何是一色。師曰。青黃赤白。曰大好一色。師曰。將謂無人也有一箇半箇。

 토끼뿔

"어떤 것이 온통인 빛입니까?" 했을 때

대원은 "이렇다." 하리라.

천주(泉州) 서명원(西明院) 침(琛) 선사

침(琛) 선사에게 어떤 승려가 물었다.
"어떤 것이 화상의 가풍입니까?"
대사가 말하였다.
"대젓가락에 질그릇이니라."
"귀한 손이 갑자기 오면 어찌합니까?"
"누런 시래기국에 묵은 쌀밥이니라."

"어떤 것이 조사께서 서쪽에서 오신 뜻입니까?"
"노주(露柱)에게 물어 봐라."

泉州西明院琛禪師。僧問。如何是和尚家風。師曰。竹箸瓦椀。僧曰。忽遇上客來時如何祗待。師曰。黃虀倉米飯。問如何是祖師西來意。師曰。問取露柱看。

토끼뿔

"어떤 것이 조사께서 서쪽에서 오신 뜻입니까?" 했을 때

대원은 "부적의 글씨는 붉다." 하리라.

앞의 남악(南嶽) 금륜(金輪) 가관(可觀) 선사의 법손

후남악(後南嶽) 금륜(金輪) 화상

금륜 화상에게 어떤 승려가 물었다.
"어떤 것이 금륜의 제일구입니까?"
대사가 말하였다.
"둔한 사람이군."

"어떤 것이 금륜의 한 화살입니까?"
"지나갔다."

前南嶽金輪可觀禪帥法嗣。後南嶽金輪和尚。僧問。如何是金輪第一句。師曰。鈍漢。問如何是金輪一隻箭。師曰。過也。

"기틀에 임해서 한 화살에 누가 맞서겠습니까?"
"거꾸러졌다."

曰臨機一箭誰是當者。師曰。倒也。

 토끼뿔

"어떤 것이 금륜의 제일구입니까?" 했을 때

대원은 "제일구다." 하리라.

앞의 천주(泉州) 수룡산(睡龍山) 도부(道溥) 선사의 법손

장주(漳州) 보복원(保福院) 청활(淸豁) 선사

청활 선사는 복주(福州)의 영태(永泰)사람으로 어려서부터 총명하고 민첩하였다.

고산(鼓山)의 흥성(興聖) 국사에 의하여 머리를 깎고 계를 받은 뒤에 대장산(大章山)의 계여(契如) 암주(庵主)를 뵈었다가[21] 나중에 수룡에게 참문하니, 어느 날 수룡이 물었다.

"청활 그대는 어떤 존숙을 보고 왔으며, 거기서 깨달은 바가 있는가?"

前泉州睡龍山道溥禪師法嗣。漳州保福院淸豁禪師。福州永泰人也。少而聰敏。禮鼓山興聖國師落髮稟具。初謁大章山契如庵主(有語具如庵主章出焉)後參睡龍。睡龍一日問曰。豁闍梨。見何尊宿來還悟也未。

---

21) 이 말이 갖추어 있는데, 계여 암주장에 나온다. (원주)

대사가 말하였다.

"청활은 일찍이 대장(大章) 대사를 뵙고 믿는 곳을 얻었습니다."

이에 수룡이 법상에 올라 대중을 불러 놓고 말하였다.

"청활은 나와서 대중 앞에 향을 피우고 깨달은 경지를 이야기하라. 노승이 증명해 주리라."

이에 대사가 향을 피워 들고 말하였다.

"향은 피워 들었으나 깨달았다면 깨달음이 아닙니다."

수룡이 퍽 기뻐하며 허락하였다.

대사가 법상에 올라 대중에게 말하였다.

"산승이 지금 여러분을 위하여 화답(和答)할 거리를 마련해 주리니, 화답하는 이는 묵연히 있고, 화답하지 않는 이는 말하라."

조금 있다가 또 말하였다.

"화답함과 화답하지 않음이 모두 지금에 있는데, 산승은 이런 사소한 일들을 지니고 있다. 안녕."

曰清豁嘗訪大章得箇信處。睡龍於是上堂集大眾召曰。請豁闍梨。出。對眾燒香說悟處。老僧與汝證明。師乃拈香曰。香已拈悟即不悟。睡龍大悅而許之。上堂謂眾曰。山僧今與諸人作箇和頭。和者默然不和者說。有頃間又曰。和與不和切在如今。山僧帶些子事。珍重。

어떤 승려가 물었다.
"가난한 집이 도적을 만났을 때에는 어떠합니까?"
대사가 말하였다.
"모두 가져가지는 못한다."
"어찌하여 모두 가져가지 못합니까?"
"도적이 자신의 어버이니라."
승려가 말하였다.
"이미 어버이라면 어째서 집도적이 되었습니까?"
대사가 말하였다.
"안에서 호응이 없다면 밖에서도 어쩔 수 없다."
"홀연히 그를 잡아 없애면 공은 어디로 돌아갑니까?"
"상을 준다는 말은 듣지도 못했다."
승려가 말하였다.
"그러면 수고하여도 공이 없겠습니다."

僧問。家貧遭劫時如何。師曰。不能盡底去。曰為什麼不盡底去。師曰。賊是家親。曰既是家親為什麼翻成家賊。師曰。內既無應外不能為。曰忽然捉敗功歸何所。師曰。賞亦未曾聞。曰恁麼即勞而無功。

대사가 말하였다.
"공은 없지 않으나, 이룬 곳도 없다."
승려가 물었다.
"이미 공을 이루었으면서 왜 이룬 곳도 없다 합니까?"
"듣지 못했는가? 태평은 원래 장군이 이루지만 장군이 태평을 누리는 것은 아니다."

"어떤 것이 서쪽에서 오신 뜻입니까?"
"호인은 울고 한인은 슬퍼한다."

대사가 세상을 떠나려 할 때가 되자, 대중을 버리고 산으로 들어가 입멸할 때를 기다리다가 저계(苧谿)의 석교(石橋)를 지나면서 게송을 남겼다.

師曰。功即不無成而不處。曰既是成功為什麼不處。師曰。不見道。太平本是將軍致。不使將軍見太平。問如何是西來意。師曰。胡人泣漢人悲。師將順世捨眾欲入山待滅。過苧谿石橋乃遺偈曰。

사람들아, 길 걷기 어렵다 말라
험난하고 먼길이라 하지만 지척이로다
안녕, 저계의 개울물아, 잘들 가거라
너는 바다로, 나는 산으로 돌아간다

그리고는 바로 귀계(貴谿)로 들어가 암자를 세우고, 얼마 되지 않아 문인들에게 말하였다.
"내가 죽거든 시체를 벌레들에게 주어라. 절대로 탑이나 무덤에 두어서는 안 된다."
말을 마치자 조용히 호두산(湖頭山)에 들어가 반석(磐石)에 앉은 채로 엄연히 떠났다.

世人休說路行難
鳥道羊腸咫尺間
珍重苧谿谿畔水
汝歸滄海我歸山
即往貴谿卓庵。未幾謂門人曰。吾滅後將遺骸施諸蟲蟻勿置墳塔。言訖潛入湖頭山坐磐石儼然長往。

제자 계인(戒因)이 산에 들어갔다가 우연히 발견하고 유언에 따라 7일을 두었으나, 끝내 아무런 벌레도 침노하지 않으므로 화장을 하여 들에다 유해를 뿌렸다. 지금도 천주의 개원사(開元寺) 정토원(淨土院)에 영당(影堂)이 남아 있다.

弟子戒因入山尋見。稟遺命延留七日。竟無蟲蟻之所侵食。遂就闍維散於林野。今泉州開元寺淨土院影堂存焉。

🐇 토끼뿔

"어떤 것이 서쪽에서 오신 뜻입니까?" 했을 때

대원은 "동서는 그만두고 앞뒤는 어떠냐?" 하리라.

앞의 소주(韶州) 운문산(雲門山) 문언(文偃) 선사의 법손

소주(韶州) 백운(白雲) 상(祥) 화상 실성(實性) 대사

실성 대사는 처음에 자광원(慈光院)에 살았는데, 광주(廣主)인 유(劉)씨가 고을로 불러들여 설법을 청하였다.
이때에 어떤 승려가 물었다.
"깨달음의 꽃이 막 피어 바야흐로 좋은 때를 만났으니, 종풍을 어둡게 하지 않도록 스님께서 방편을 베풀어 주십시오."
대사가 말하였다.
"우리 왕께서 명하셨다."

前韶州雲門山文偃禪師法嗣。韶州白雲祥和尚實性人師。初住慈光院。廣主劉氏召入府說法。時有僧問。覺華纔綻正遇明時。不昧宗風乞師方便。師曰。我王有令。

"경전의 뜻과 조사의 뜻이 같습니까, 다릅니까?"
"다르지 않다."
"그러면 같겠습니다."
"다스리는 말로는 방해롭지 않겠구나."

"모든 부처님들은 세상에 나오시기도 전에 벌써 대천세계에 두루 하셨는데, 백운의 이 모임은 어떠합니까?"
"몇 사람이나 속여 왔던가?"
"그러면 사부대중은 누구를 의지해야 합니까?"
"교섭할 길이 없다."

"마음이 곧 부처라고 가르쳐 보인 말씀들인데, 앞의 말에 구애되지 않으려면 어떻게 가리켜 교화해야겠습니까?"
"동서는 그만두고, 남북은 어떠한가?"

問教意祖意同別。師曰。不別。曰恁麼即同也。師曰。不妨領話。問諸佛未出世普遍大千白雲一會如何。師曰。賺却幾人來。曰恁麼即四眾何依。師曰。勿交涉。問即心即佛示誨之辭。不涉前言如何指教。師曰。東西且置南北作麼生。

"어떤 것이 화상의 가풍입니까?"
"석교(石橋)는 저쪽에 있으나 이쪽에는 없다. 알겠는가?"
"모르겠습니다."
"우선 정공(丁公)[22]처럼 중얼거리고 있어라."

"법의는 어째서 6조에게 이르러서 더 전하지 않게 되었습니까?"
"바다가 고요하고 강이 맑아졌느니라."

"어떤 것이 화상께서 사람을 제접하시는 한 외길입니까?"
"내일 아침에 다시 초왕(楚王)에게 헌납해 보아라."

"위로부터의 종승을 어떻게 거량합니까?"
"오늘 아직 차를 마시지 않았다."

問如何是和尚家風。師曰。石橋那畔有這邊無會麼。僧曰。不會。師曰。且作丁公吟。問衣到六祖為什麼不傳。師曰。海晏河清。問如何是和尚接人一路。師曰。來朝更獻楚王看。問從上宗乘如何舉揚。師曰。今日未喫茶。

---

[22] 정공(丁公) : 적장인 유방을 살려 주었으나, 유방이 왕이 된 후에 오히려 유방에게 죽임을 당한 장수.

대사가 법상에 올라 대중에게 말하였다.

"여러분, 알겠는가? 다만 거리의 백정에게서나 지옥의 끓는 가마솥에서 알아야 한다. 만일 이렇게 안다면 능히 남의 스승이 되겠으나, 만약 승문(僧門)에서 살핀다면 하늘과 땅 사이이다. 또 어떤 사람은 오직 긴 평상 위에서 높은 사람 노릇만 하는데, 그대들은 이 두 사람이 어느 쪽에 장점이 있다고 여기는가? 일이 없다. 안녕."

대사가 어떤 승려에게 물었다.
"어디서 왔는가?"
"운문(雲門)에서 왔습니다."
"거기에는 얼마나 되는 물소가 있던가?"
"한두 마리 있습니다."
"좋은 물소구나."

대사가 또 어떤 승려에게 물었다.

師上堂謂眾曰。諸人會麼。但街頭市尾屠兒魁膾地獄鑊湯處會取。若恁麼會堪與人為師為匠。若向衲僧門下天地懸殊。更有一般底。只向長連床上作好人去。汝道此兩般人那箇有長處。無事珍重。師問僧。什麼處來。曰雲門來。師曰。裏許有多少水牛。曰一箇兩箇。師曰。好水牛。師問僧。

"거짓 이름을 무너뜨리지도 않고 실상을 이야기하려면 어찌하는가?"
승려가 말하였다.
"저것은 의자입니다."
대사가 손을 흔들면서 말하였다.
"신주머니를 가져오너라."
승려가 대답이 없었다.[23]

대사가 임종할 때가 되자 보이고, 대중에게 말하였다.
"내가 비록 조사의 법인을 사용했으나 그 안의 것은 다하지 못했다. 여러분들, 그 안의 일이란 무엇이겠는가? 가장자리도 중간도 안도 밖도 이미 없는 것 아니겠는가? 이렇게 안다 할지라도 온 누리에서 모래를 파는 가게와 같으리니, 이렇다면 다른 세계에서 만나리라."
말을 마치자 입적하였다.

不壞假名而譚實相作麼生。僧曰。這箇是椅子。師以手撥云。將鞋袋來。僧無對(雲門和尙聞之乃云。須是他始得)。師將示滅白眾曰。某甲雖提祖印未盡其中。諸仁者且道其中事作麼生。莫是無邊中間內外已否。如是會解即大地如鋪沙去。此即他方相見。言訖告寂。

---

23) 운문(雲門) 화상이 이것을 듣고 이내 말하기를 "마땅히 그가 옳다." 하였다. (원주)

 토끼뿔

∽ "어떤 것이 화상께서 사람을 제접하시는 한 외길입니까?"

대원은 "항상 이렇게 산다." 하리라.

∽ "거짓 이름을 무너뜨리지도 않고 실상을 이야기하려면 어찌하는가?" 했을 때

대원은 "이렇게 한다." 하리라.

낭주(朗州) 덕산(德山) 연밀(緣密) 원명(圓明) 대사 (제9세)

원명 대사가 법상에 올라 대중에게 말하였다.
"승당 앞의 일은 사람들이 알고 있지만, 불전(佛殿) 뒤의 일은 어찌하겠는가?"
대사가 또 말하였다.
"덕산(德山)의 말에 삼구(三句)가 있으니, 일구(一句)는 건곤을 덮어씌우고, 다음 일구는 물결을 따라 출렁이고, 마지막 일구는 뭇 흐름을 딱 끊는다."
이때에 어떤 승려가 물었다.
"어떤 것이 법신을 꿰뚫는 구절입니까?"
대사가 말하였다.
"석 자 되는 주장자로 황하(黃河)의 물을 젓는다."

朗州德山第九世緣密圓明大師。師上堂示眾曰。僧堂前事時人知有。佛殿後事作麼生。師又曰。德山有三句語。一句函蓋乾坤。一句隨波逐浪。一句截斷眾流。時有僧問。如何是透法身句。師曰。三尺杖子攪黃河。

"백 가지 꽃이 피기 전에는 어떠합니까?"
"황하의 물이 어지러이 소리 내며 흐른다."
"핀 뒤에는 어떠합니까?"
"깃대 끝이 하늘을 가리킨다."

"말이 예리할 때에 어떻게 해야 범하지 않겠습니까?"
"천태(天台)와 남악(南嶽)이니라."
"곧 이와 같이 갈 때에 어떠합니까?"
"강서(江西)와 호남(湖南)이니라."

"부처님께서 세상에 나오시기 전에는 어떠합니까?"
"강 안이 온통 나무배이니라."
"세상에 나오신 뒤에는 어떠합니까?"
"이쪽에서 저쪽 마루[軒]를 밟는다."

問百花未發時如何。師曰。黃河水渾流。曰發後如何。師曰旛竿頭指天。問不犯辭鋒時如何。師曰。天台南嶽。曰便恁麼去如何。師曰。江西湖南。問佛未出世時如何。師曰。河裏盡是木頭船。曰出世後如何。師曰。這頭躡著那頭軒。

"자기의 일을 밝히지 못했는데 어떻게 분별하겠습니까?"
"수미산의 정수리 위니라."
"바로 그러하면 어떻습니까?"
"발밑의 물이 깊은가, 얕은가?"

"달마가 오기 전에는 어떠합니까?"
"천 년 묵은 소나무 가지가 거꾸로 달렸다."
"온 뒤에는 어떠합니까?"
"금강(金剛)이 주먹을 일으켜 세웠다."

"스님께서 세상에 나시기 전에는 어떠합니까?"
"불전이 정남향으로 열렸다."
"스님께서 세상에 나신 뒤에는 어떠합니까?"
"산머리에 백운(白雲)이 일어난다."
"나옴과 나오지 않음을 나눌 수 있습니까, 없습니까?"
"고요한 곳의 사바하니라."

問己事未明如何辨得。師曰。須彌山頂上。曰直恁麼去如何。師曰。脚下水淺深。問達磨未來時如何。師曰。千年松倒掛。曰來後如何。師曰。金剛努起拳。問師未出世時如何。師曰。佛殿正南開。曰師出世後如何。師曰。白雲山上起。曰出與未出還分不分。師曰。靜處薩婆訶。

"어떤 것이 화상의 가풍입니까?"
"남산에 구름이 일고, 북산에는 비가 내린다."

"어떤 것이 응용(應用)하는 기틀입니까?"
대사가 할을 하니, 승려가 말하였다.
"그것 뿐입니까, 다른 것이 있습니까?"
대사가 때렸다.

"큰 작용이 현전해서 규칙에 얽매지 않을 때에는 어떠합니까?"
"어둠 속에서 항아리를 때려 부순다."
승려가 물러서려 하자, 대사가 이내 때렸다.

"부처님께서 세상에 나시기 전에는 어떠합니까?"
"원숭이가 노주(露柱)에 매달린다."
"세상에 나신 뒤에는 어떠합니까?"
"원숭이가 포대 속에 들었다."

問如何是和尚家風。師曰。南山起雲北山下雨。問如何是應用之機。師喝。僧曰。只這箇為復別有。師乃打之。問大用現前不存軌則時如何。師曰。黑地打破甕。僧退步。師乃打。問佛未出世時如何。師曰。獼猴繫露柱。曰出世後如何。師曰。獼猴入布袋。

"문수와 유마가 무슨 일을 이야기했습니까?"
"그대를 포함한 세 사람이 줄도 없는데 스스로 묶였구나."

"어떤 것이 부처입니까?"
"눈앞에 산밤나무가 가득하다."
"학인이 잘 모르겠습니다."
"헛수고를 했구나."

"온 누리를 다한 한 물음을 했으나 얻지 못할 때는 어떠합니까?"
"말〔話〕에 떨어졌구나."
"대중이 다 봅니다."
대사가 곧 때렸다.

問文殊與維摩對談何事。師曰。并汝三人無繩自縛。問如何是佛。師曰。滿目荒榛。曰學人不會。師曰。勞而無功。問盡大地致一問不得時如何。師曰。話墮也。曰大眾總見。師便打。

 토끼뿔

∽ "달마가 오기 전에는 어떠합니까?" 했을 때

대원은 "그 물음이 어디서 나왔는가?" 하고

"온 뒤에는 어떠합니까?" 했을 때

대원은 "떨어진 폭포수에서 물안개가 오른다." 하리라.

∽ "문수와 유마가 무슨 일을 이야기했습니까?" 했을 때

대원은 "한강은 북에 있고, 영산강은 남에 있다." 하리라.

담주(潭州) 수서(水西) 남대(南臺) 도준(道遵) 화상 법운(法雲) 대사

법운 대사가 법상에 올라 대중에게 말하였다.

"위로부터의 종승(宗乘)을 어떻게 제창해야 되겠는가? 어떻게 말해야 되겠는가? 불법이란 두 글자를 어찌해야 되겠는가? 진여와 해탈을 얻는다 할 수 있겠는가?

비록 그러하여 미세하기로는 바람도 통하지 않지만, 크기로는 마차도 통한다. 만일 진리에 의거하여 교화하는 부문에서 말하자면, 한 번 입을 열면 건곤이 진동하고, 산하대지와 바다가 고요해지며 강이 맑아지고, 삼세 부처님의 설법이 현전한다. 만일 이에 분명하면 옛 불당 앞에서 피안에 같이 오르리라. 일이 없다. 안녕."

潭州水西南臺道遵和尚法雲大師。師上堂謂眾日。從上宗乘合作麼生提綱。合作麼生言論。將佛法兩字當作麼。真如解脫當得麼。雖然如是細不通風大通車馬。若約理化門中。一言啟口振動乾坤。山河大地海晏河清。三世諸佛說法現前。若也分明。古佛殿前同登彼岸。無事珍重。

어떤 이가 물었다.

"어떤 것이 서쪽에서 오신 뜻입니까?"

대사가 말하였다.

"언덕을 내려갈 때에는 달리지 말라.

"우두가 4조를 보기 전에는 어떠했습니까?"
"옷 입고 밥을 먹었다."
"본 뒤에는 어떠했습니까?"
"발우를 벽에 걸어둔다."

"어떤 것이 진여가 모든 것을 포함하는 것입니까?"
"분명하다."
"어째서 영리한 이와 둔한 이가 있습니까?"
"인도에서 북을 치니 누각에서 종을 친다."

問如何是西來意。師曰。下坡不走。問牛頭未見四祖時如何。師曰。著衣喫飯。曰見後如何。師曰。鉢盂壁上掛。問如何是真如含一切。師曰。分明。曰為什麼有利鈍。師曰。西[24]天打鼓樓上擊鐘。

---

24) 西가 원나라본에는 四로 되어 있다.

"어떤 것이 남대의 경지입니까?"
"금강의 손이 하늘을 가리킨다."

"어떤 것이 색(色)이 공한 것입니까?"
"도사(道士)가 입은 옷이 새빨갛다."

"하루 중에 항상 여의지 않으면 어떠합니까?"
"제(諦)."

問如何是南臺境。師云。金剛手指天。問如何是色空。師曰。道士著眞紅。問十二時中時時不離如何。師曰。諦。

 토끼뿔

∽ "우두가 4조를 보기 전에는 어떠했습니까?" 했을 때

대원은 "일할 때는 누더기, 예불 때는 가사를 입었느니라." 하고

"본 뒤에는 어떠했습니까?" 했을 때

대원은 "청정 자체일 뿐이다." 하리라.

∽ "어떤 것이 진여가 모든 것을 포함하는 것입니까?" 했을 때

대원은 "그렇지 않을 수도 있더냐?" 하고

"어째서 영리한 이와 둔한 이가 있습니까?" 했을 때

대원은 "그 질문이야말로 명답이다." 하리라.

소주(韶州) 쌍봉산(雙峯山) 홍복원(興福院) 경흠(竟欽) 화상 혜진(慧眞) 광오(廣悟) 선사

광오 선사는 익주(益州) 사람이다. 아미(峨眉) 동계산(洞谿山)의 흑수사(黑水寺)에서 수업하다가 사방을 다니면서 도를 구하던 끝에, 운문(雲門)의 법석에 참례하여 비밀한 가르침을 받고 산문을 열어 절을 지은 것이 차츰 총림이 되었다.

개당하는 날에는 운문 화상이 친히 왕림하여 증명하기도 하였다.

어떤 승려가 물었다.
"어떤 것이 불법의 대의입니까?"
대사가 말하였다.
"해가 돋아야 천하가 밝은 줄 아니, 기름이 없는데 어떻게 불당 앞의 등불을 켜겠는가?"

韶州雙峯山興福院竟欽和尚慧眞廣悟禪師。益州人也。受業於峨眉洞谿山黑水寺。觀方慕道。預雲門法席密承指喩。乃開山創院漸成叢林。開堂日雲門和尚躬臨證明。僧問。如何是佛法大意。師曰。日出方知天下朗。無油那點佛前燈。

"어떤 것이 쌍봉의 경지입니까?"

"밤에는 암자 뒤의 대밭을 흐르는 물소리를 듣고, 낮에는 앞산에 구름이 일어난 것을 본다."

"어떤 것이 법왕의 검입니까?"

"납으로 된 칼날을 공연히 드러내 봐야 용천검(龍泉劍)[25]이 못 되느니라."

"쓰는 이는 어떠합니까?"

"칼끝을 숨기는 일도 허용되지 않거늘 어떻게 칼날을 드러낸다곤들 하겠는가?"

"빈두로(賓頭盧)[26]가 사천하의 공양을 받았는데, 두루함을 얻어 누린 것입니까?"

"물속에 있는 달과 같다."

問如何是雙峯境。師曰。夜聽水流庵後竹。晝看雲起面前山。問如何是法王劍。師曰。鉛刀徒逞不若龍泉。曰用者如何。師曰。藏鋒猶不許。露刃更何堪。問賓頭盧應供四天下還得徧也無。師曰。如月入水。

---

25) 용천검(龍泉劍) : 옛날 중국의 명검.
26) 빈두로(賓頭盧) : 십육 나한의 하나. 천축 마리지산에 살면서 중생을 제도하는 아라한. 나반 존자라고도 한다.

"어떤 것이 쓰되 잡되지 않은 것입니까?"

"명월당(明月堂) 앞에 구슬발을 드리우고, 수정전(水精殿) 안에 진주를 뿌린다."

어떤 행자가 물었다.

"제가 도적을 만났을 때에 죽이면 부처님의 가르침을 어기고, 죽이지 않으면 국왕의 분부를 어기는 것이니, 스님의 뜻은 어떠하십니까?"

대사가 말하였다.

"법으로는 바늘도 용납되지 않으나 사사롭게는 마차도 통한다."

광주(廣主)인 유(劉)씨가 친히 법을 묻기까지 하였는데, 태평흥국(太平興國) 2년 3월에 이르러 문인들에게 훈계하였다.

"나는 오래지 않아 세상을 떠나겠으니 그대들은 본산(本山)에 가서 무덤과 탑을 만들어라."

問如何是用而不雜。師曰。明月堂前垂玉露。水精殿裏撒眞珠。有行者問。某甲遇賊來時。若殺卽違佛敎不殺又違王勅。木審師意如何。師曰。官不容針私通車馬。廣主劉氏嘗親問法要。至太平興國二年三月戒門人曰。吾不久去世。汝可就本山頂預修墳塔。

그리하여 5월 23일이 되어 공사가 끝나니 대사가 말하였다.
"모래 자시에 떠나리라."

때가 되어 운문 상(雲門爽) 화상과 온문 순봉(溫門舜峯) 장로 등 7인을 모아놓고 야화(夜話)를 하는데, 시자가 삼경이 된 것을 알리니, 대사가 향을 찾아 사르고 합장한 채로 떠났다.

至五月二十三日工畢。師曰。後日子時行矣。及期會雲門爽和尚溫門舜峯長老等七人夜話。侍者報三更。師索香焚之合掌而逝。

 토끼뿔

"어떤 것이 쓰되 잡되지 않은 것입니까?" 했을 때

대원은 "창해에 등대가 누설하고 있었다." 하리라.

소주(韶州) 자복(資福) 화상

자복 화상에게 어떤 승려가 물었다.
"종승(宗乘)은 묻지 않겠습니다. 스님의 심인(心印)을 듣고자 합니다."
대사가 말하였다.
"대답하지 않겠다."
"어째서 대답하지 않으십니까?"
"앞의 말이 합당하지 않아서이다."

"마주 보면서도 만나기 어려운 곳에서 어떻게 쉽고 어려움을 돌아보겠습니까? 스님께서 게송의 반을 베풀어 주셔서 후인들의 의혹을 끊게 하여 주십시오."
"칼날 앞의 한 구절은 조어사(調御師)[27]를 초월하니, 어떠한가를 물으면 벌써 여러 겁을 어긴다."

韶州資福和尚。僧問。不問宗乘請師心印。師曰。不答這箇話。曰為什麼不答。師曰。不副前言。問覿面難逢處。如何顧險夷。乞師垂半偈。免使後人疑。師曰。鋒前一句超調御。擬問如何歷劫違。

---

27) 조어사(調御師) : 부처님의 열 가지 명호 중 하나. 중생을 잘 이끌어 가르치는 분이라는 뜻.

"그러면 동산과 서령(西嶺)을 사람들이 알고 있는데, 자복의 뜰 앞에 누구 집의 풍월(風月)입니까?"

"앞의 말을 깨달아라."

曰恁麽即東山西嶺時人知有。未審資福庭前誰家風月。師曰。領取前話。

 토끼뿔

◌ "종승(宗乘)은 묻지 않겠습니다. 스님의 심인(心印)을 듣고자 합니다."했을 때

대원은 "무엇이라 했는가?"하여

다시 물으면 "그것이다."했을 것이다.

◌ "마주 보면서도 만나기 어려운 곳에서 어떻게 쉽고 어려움을 돌아보겠습니까? 스님께서 게송의 반을 베풀어 주셔서 후인들의 의혹을 끊게 하여 주십시오."했을 때

대원은 "옛적부터 거울이 누설하고 있느니라."하리라.

광주(廣州) 신회(新會) 황운(黃雲) 원(元) 선사

원(元) 선사가 처음으로 개당하는 날에 손으로 승상을 어루만지면서 말하였다.
"여러분은 광대한 수미좌(須彌座)를 알겠는가? 모른다면 나를 보라."
그리고는 법상에 올랐다.

어떤 이가 물었다.
"어떤 것이 대한국(大漢國)의 경지입니까?"
대사가 말하였다.
"노래가 길에 가득하다."

廣州新會黃雲元禪師。初開堂以手拊繩床云。諸人還識廣大須彌之座也無。若不識看老僧乃陞座。問如何是大漢國境。師曰。歌謠滿路。

"교리에 이르기를 용이 온통인 올(縷)을 걸치면 금시조(金翅鳥)[28]가 삼키지 못한다 하는데, 화상께서 세 분을 섬겨 온전히 펴면 어떠합니까?"

"깨달아 면했다곤들 하겠는가?"

대사가 법상에 올라 옛사람의 말을 들어 말하였다.

"옛사람이 말하기를 눈에 드러나지 않은 적이 없다고 했는데, 기틀에 임하여 어째서 이르지 못하는가?"

또 말하였다.

"눈에 드러나지 않은 적이 없는데 기틀에 임하여 무엇을 이르겠는가?"

問教云。龍披一縷金翅不吞。和尚三事全披如何。師曰。還免得麼。師上堂拈古人語云。觸目未曾無臨機何不道。又云。觸目未曾無臨機道什麼。

---

28) 금시조(金翅鳥) : 불경에 나오는 상상의 큰 새. 부처님의 가르침을 거부하고 중생에게 해를 끼치는 사나운 용(龍)을 잡아먹고 사는데, 용이 삼귀(三歸)를 받았거나 가사(袈裟)를 한 올이라도 걸치면 취할 수가 없다고 한다.

 토끼뿔

"옛사람이 말하기를 눈에 드러나지 않은 적이 없다고 했는데, 기틀에 임하여 어째서 이르지 못하는가?" 했을 때

대원은 "드러나지 않은 적이 없기에 이를 것도 없다." 하리라.

광주(廣州) 의녕(義寧) 용경(龍境) 윤(倫) 선사

윤(倫) 선사가 처음 개당하는 날 불자(拂子)를 들고 말하였다.
"알겠는가? 안다면 머리 위에 머리를 더하는 것이요, 모른다면 머리를 베고서 살려는 것이다."
어떤 이가 물었다.
"어떤 것이 대한국(大漢國)의 경계입니까?"
대사가 말하였다.
"어지러이 설쳐서 무엇 하려는가?"
"흡사 비는 오는데 하늘은 맑은 것 같습니다."
대사가 때렸다.

"어떤 것이 용경의 물입니까?"
"비린내, 누린내, 구린내로 더럽다."

廣州義寧龍境倫禪師。初開堂提起拂子曰。還會麼。若會即頭上更增頭。若不會即斷頭取活。問如何是大漢國境。師曰。亂走作麼。曰恰是雨下天晴。師便打。問如何是龍境水。師曰。腥臊臭穢。

"마시는 이는 어떠합니까?"
"칠통팔달(七通八達)[29]이다."

"어떤 것이 용경의 가풍입니까?"
"벌레, 이리, 범, 표범이다."

"어떤 것이 부처입니까?"
"부지런히 밭을 간다."
"학인이 잘 모르겠습니다."
"벼를 일찍 거둔다."

대사가 어떤 승려에게 물었다.
"어디서 오는가?"
"황운(黃雲)에서 옵니다."

曰飮者如何。師曰。七通八達。問如何是龍境家風。師曰。蟲狼虎豹。問如何是佛。師曰。勤耕田。曰學人不會。師曰。早收禾。師問僧。什麽處來。曰黃雲來。

---

29) 칠통팔달(七通八達) : 두루 막힘이 없다는 뜻.

대사가 말하였다.

"어떤 것이 황운의 당해내기 어려운 미치도록 자랑스럽게 뛰어 통과하게 하는 일구인가?"

승려가 대답이 없었다.

대사가 법상에 올라 대중에게 물었다.

"어떤 것이 장연상(長連牀) 위의 성품의 한 구절인가? 가져와서 일러 봐라."

대중이 대답이 없었다.

師曰。作麼生是黃雲郞當媚癡抹蹉為人一句。僧無對。師上堂問眾曰。作麼生是長連牀上取性一句道將來。眾無對。

 토끼뿔

"어떤 것이 장연상(長連牀) 위의 성품의 한 구절인가? 가져와서 일러 봐라." 했을 때

대원은 "장연상은 붉고, 높은 구름 희고 희다." 하리라.

소주(韶州) 운문산(雲門山) 상(爽) 화상

상(爽) 화상이 법상에 오르니, 어떤 승려가 물었다.
"어떤 것이 부처입니까?"
대사가 말하였다.
"성스러운 몸이 만세(萬歲)이니라."

"어떤 것이 법신을 꿰뚫는 구절입니까?"
"은 향대(香臺) 위에 무가 났느니라."

韶州雲門山爽和尚。師上堂。僧問。如何是佛。師曰。聖躬萬歲。問如何是透法身句。師曰。銀香臺上生蘿蔔。

 토끼뿔

"어떤 것이 법신을 꿰뚫는 구절입니까?" 했을 때

대원은 "꿰뚫었다." 하리라.

소주(韶州) 백운(白雲) 문(聞) 화상

문(聞) 화상이 법상에 올라 말없이 보이니, 어떤 승려가 나와서 말하였다.
"백운의 온통인 길은 오늘로 인하여 온전합니다."
대사가 말하였다.
"옳지 않다, 옳지 않다."
"화상께서는 어떻게 생각하십니까?"
"백운의 온통인 길에 풀이 한 길이나 무성하다 하리."

"학인이 한 가지 묻고자 하는데, 스님께서 대답해 주시겠습니까?"
"쥐엄나무 콩꼬투리가 나무 끝에 달렸으나, 바람이 불어도 곡조를 이루지 못한다."

韶州白雲聞和尙。師上堂良久。僧出曰。白雲一路全因今日。師曰。不是不是。僧曰。和尙如何。師曰。白雲一路草深一丈。問學人擬申一問。未審師還答也無。師曰。皁莢樹頭懸。風吹曲不成。

"시주의 공양을 받는데 무엇으로 보답하리까?"
"소나 말이 된다."

問受施主供養將何報答。師曰。作牛作馬。

토끼뿔

"시주의 공양을 받는데 무엇으로 보답하리까?" 했을 때

대원은 불자를 세웠다 무릎 위에 누이고 "험." 하리라.

소주(韶州) 피운(披雲) 지적(智寂) 선사

지적 선사에게 어떤 승려가 물었다.
"어떤 것이 피운의 경지입니까?"
대사가 말하였다.
"한낮에는 한가한 사람이 없다."

승려가 물었다.
"이(以)자도 아니고 팔(八)자도 아니라면, 그것이 무슨 글자입니까?"
대사가 게송으로 말하였다.

韶州披雲智寂禪師。僧問。如何是披雲境。師曰。白日沒閑人。問以字不成八字不是。未審是什麽字。師說偈答曰。

이(以)자도 아니요, 팔(八)자도 아님이여
삼라만상이 이 속에 분명하다
아무리 천만 가지 묘함을 공교롭게 말할지라도
이것은 거품처럼 화한 것도 아니고, 법도 아니다

以字不是八不成
森羅萬象此中明
直饒巧說千般妙
不是漚和不是經

 토끼뿔

"이(以)자도 아니고 팔(八)자도 아니면, 그것이 무슨 글자입니까?" 했을 때

대원은 "이자도 팔자도 아니다." 하리라.
"참."

소주(韶州) 정법(淨法) 장(章) 화상 선상(禪想) 대사

선상 대사에게 광주(廣主)인 유(劉)씨가 물었다.
"어떤 것이 선사(禪師)입니까?"
대사가 말없이 보이니, 유씨가 어리둥절하였다. 이로 인하여 호를 지어 올렸다.

어떤 승려가 물었다.
"해와 달이 겹쳐 밝을 때에는 어떠합니까?"
대사가 말하였다.
"해와 달이 아무리 밝아도 엎어진 동이 밑은 비치지 못한다."

"이미 금산(金山)인데 어째서 돌을 뚫습니까?"
"금산이기에 돌을 뚫는다."

韶州淨法章和尚禪想大師。廣主劉氏問。如何是禪師。師乃良久。廣主罔測。因署其號。僧問。日月重明時如何。師曰。日月雖明不鑒覆盆之下。問既是金山為什麼鑿石。師曰。金山鑿石。

"어떤 것이 도입니까?"

"가면 갈수록 멀고 멀어져 십만 리도 더 되느니라."

問如何是道。師曰。去去迢迢十萬餘。

토끼뿔

"어떤 것이 도입니까?" 했을 때

대원은 "행하는구나." 하리라.

소주(韶州) 온문산(溫門山) 만(滿) 선사

만(滿) 선사에게 어떤 승려가 물었다.
"어떤 것이 부처입니까?"
대사가 말하였다.
"가슴에 만(卍)자다."
"어떤 것이 조사입니까?"
"서토(西土)로 달린 적도 없다."

어떤 사람이 벽에 걸린 그림을 보고 물었다.
"천자나 되는 소나무인데 어째서 방안에 들어와 있습니까?"
대사가 말하였다.
"겨자씨 속에 수미산을 넣는 것은 어찌하겠는가?"

"담 너머로 뿔을 보고 소인 줄 알면 어떠합니까?"
대사가 곧 때렸다.

韶州溫門山滿禪師。僧問。如何是佛。師曰。胸題卍字。曰如何是祖。師曰。不遊西土。有人見壁上畫。問既是千尺松為什麼却在屋下。師曰。芥子納須彌作麼生。問隔墻見角便知是牛如何。師便打。

대사가 어떤 노숙(老宿)과 함께 대궐 문턱에 앉았는데, 노숙이 물었다.
"자의(紫衣)와 호(號)도 이미 받으셨으니, 또 무엇을 바라시겠습니까?"
"국사가 되기를 바란다."
"부처도 되려 하지 않거늘 어찌 국사를 바라십니까?"
대사가 웃으면서 말하였다.
"장로여!"

어떤 승려가 물었다.
"어떤 것이 화상의 가풍입니까?"
대사가 말하였다.
"그대는 일찍이 글을 읽었는가?"

"태자가 처음 탄생하셨을 때에 어째서 부모도 알지 못한다 했습니까?"
"아득한 옛적부터 존귀한 분이기 때문이다."

師與一老宿在國門坐。老宿曰。紫衣師號又得也。更要箇什麼。師曰。要國師。老宿曰。佛尚不作豈況國師。師乃笑曰。長老。僧問。如何是和尚家風。師曰。汝曾讀書麼。僧問。太子初生為什麼不識父母。師曰。迥然尊貴。

 토끼뿔

"태자가 처음 탄생하셨을 때에 어째서 부모도 알지 못한다 했습니까?"했을 때

대원은 엄지를 세우고 "잘못 전하지 말라."했을 것이다.

악주(嶽州) 파릉(巴陵) 신개(新開) 호감(顥鑑) 대사

호감 대사가 처음에 운문(雲門)에 있을 때에 운문이 말하였다.
"설봉 화상이 말하기를 '문을 열어라. 달마가 온다.'라고 하였는데, 그대의 뜻에 어떠한가?"
대사가 대답하였다.
"화상의 콧구멍을 쥐어박겠습니다."
운문이 말하였다.
"아수라왕이 업을 발동하여 수미산을 한 주먹 때리고 범천(梵天)으로 뛰어올라 제석에게 보고했거늘, 그대는 어째서 일본국(日本國)에 몸을 숨기는가?"
대사가 말하였다.
"그런 것은 좋지 못한 심행(心行)입니다."
운문이 말하였다.
"그대가 쥐어박는다 한 것은 또 어찌하겠는가?"

嶽州巴陵新開顥鑒大師。初在雲門。雲門舉。雪峯和尚云。開却門達磨來也。問師意作麼生。師曰。築著和尚鼻孔。雲門曰。修羅王發業打須彌山一摑。跳上梵天報帝釋。你為什麼却去日本國裏藏身。師曰。莫恁麼心行好。雲門曰。汝道築著又作麼生。

대사가 주지가 된 뒤에 어떤 승려가 물었다.
"조사의 뜻과 경전의 뜻이 같습니까, 다릅니까?"
대사가 말하였다.
"닭은 추우면 나무에 오르고, 오리는 추우면 물로 들어간다."

어떤 승려가 물었다.
"삼승십이분교는 의심하지 않으나, 어떤 것이 종문 안의 일입니까?"
대사가 말하였다.
"납승(衲僧)의 분상에 맞는 일은 아니다."
"어떤 것이 납승의 분상에 맞는 일입니까?"
"흰 물결 구경하기를 탐하다가 삿대를 놓친다."

대사가 불자를 어떤 이에게 주니, 그가 물었다.

師住後。僧問。祖意教意是同是別。師曰。雞寒上樹鴨寒入水。僧問。三乘十二分教即不疑。如何是宗門中事。師曰。不是衲僧分上事。曰如何是衲僧分上事。師曰。貪觀白浪失却手橈。師將拂子遺人。人問曰。

"본래 청정하거늘 불자는 무엇에 씁니까?"
"청정한 줄을 알았거든 잊지 말라."[30]

本來淸淨用拂子作什麽。師曰。旣知淸淨莫忘却(梁山別云。也須拂却)。

---

30) 양산(梁山)이 따로 말하기를 "그것도 털어버려야 한다." 하였다. (원주)

 토끼뿔

∽ "삼승십이분교는 의심하지 않으나, 어떤 것이 종문 안의 일입니까?" 했을 때

대원은 "육육은 삼십육이니라." 하고

"어떤 것이 납승의 분상에 맞는 일입니까?" 했을 때

대원은 "칠칠은 사십구이니라."

∽ "본래 청정하거늘 불자는 무엇에 씁니까?" 했을 때

대원은 "지금 그런 말이 있기에 쓰인다." 하리라.

연주(連州) 지장원(地藏院) 혜자(慧慈) 명식(明識) 대사

명식 대사에게 어떤 승려가 물었다.
"지장원인데 어째서 치성광불(熾盛光佛)의 등상을 모셨습니까?"
대사가 말하였다.
"무엇이 잘못되었는가?"

"어떤 것이 지장의 경지입니까?"
"즐기지 않는 사람은 없다."

連州地藏院慧慈明識大師。僧問。既是地藏院爲什麼塑熾盛光佛。師曰。過在什麼處。問如何是地藏境。師曰。無人不遊。

 토끼뿔

"어떤 것이 지장의 경지입니까?" 했을 때

대원은 "어떻느냐?" 하리라.

영주(英州) 대용(大容) 인(諲) 선사

인(諲) 선사가 법상에 오르니 어떤 승려가 물었다.
"천자로부터 육수(六銖)의 옷을 하사 받으셨으니, 옷을 입으시고는 무엇으로 황제의 은혜에 보답하겠습니까?"
"올 때에는 삼사납(三事衲)[31]을 입고, 돌아갈 때에는 육수의 옷을 걸친다."

"어떤 것이 대용의 물입니까?"
"나에게 한 방울 다오."

"미래에 미륵이 하생하실 때는 어떠합니까?"
"자씨궁(慈氏宮) 안에 삼춘의 풀이다."

英州大容諲禪師。師上堂。僧問。天賜六銖披掛後。將何報答我皇恩。師曰。來披三事衲。歸掛六銖衣。問如何是大容水。師曰。還我一滴來。問當來彌勒下生時如何。師曰。慈氏宮中三春草。

---

31) 삼사납(三事衲) : 가사(袈裟)를 가리키는 말로 5조, 7조, 9조 등 출가한 수행자들이 입는 승복.

"어떤 것이 진공(眞空)입니까?"
"집어 들어 볕을 가려라."
"어떤 것이 묘용(妙用)입니까?"
대사가 주먹을 쥐어 보였다.
승려가 다시 물었다.
"진공과 묘용의 거리는 얼마나 됩니까?"
대사가 손을 치켜들었다.

"장사언월(長蛇偃月)32)은 묻지 않겠으나, 필마단창(疋馬單槍)33)으로 뛰어들 때에는 어찌합니까?"
"마강(麻江) 다리 밑을 알겠는가?"
"모르겠습니다."
"성수사(聖壽寺)의 앞이니라."

問如何是眞空。師曰。拈却拒陽。曰如何是妙用。師乃握拳。僧曰。眞空妙用相去幾何。師以手撥之。問長蛇偃月即不問。疋馬單槍時如何。師曰。麻江橋下會麽。曰不會。師曰。聖壽寺前。

---

32) 장사언월(長蛇偃月) : 한 줄로 길게 늘어서는 진법(陳法)과 적을 향하여 반달처럼 진을 치는 방법.
33) 필마단창(疋馬單槍) : 한 필의 말과 한 자루의 창이라는 뜻으로 간단한 무장(武裝)을 이르는 말.

"대용(大容)이라면서 어찌하여 승려를 쫓아내십니까?"
"큰 바다는 티끌도 용납하지 않는데, 작은 개울에는 쓰레기가 많다."

"어떤 것이 옛 부처님의 외길입니까?"
대사가 땅을 가리키니, 승려가 또 말하였다.
"그것을 묻지 않았습니다."
"가거라."

대사가 어떤 노숙과 어디를 가기로 약속했다가 이내 다른 일로 인하여 가지 못하니, 노숙이 말하였다.
"부처님은 두 말씀이 없습니다."
대사가 말하였다.
"법은 정해진 것이 아닙니다."

問既是大容為什麼趁出僧。師曰。大海不容塵。小谿多搵。問如何是古佛一路。師指地。僧曰。不問這箇。師曰。去。師與一老宿相期去別處。尋却因事不去。老宿曰。佛無二言。師曰。法無一向。

 토끼뿔

∽ "미래에 미륵이 하생하실 때는 어떠합니까?" 했을 때

대원은 "금남(金男)은 북을 치고, 목녀(木女)는 춤춘다." 하리라.

∽ "어떤 것이 진공(眞空)입니까?" 했을 때

대원은 "이대로다." 하고

"어떤 것이 묘용(妙用)입니까?" 했을 때

대원은 "이렇다." 하고

"진공과 묘용의 거리는 얼마나 됩니까?" 했을 때

대원은 "시금껏 본 바 대로다." 하리라.

광주(廣州) 나산(羅山) 숭(崇) 선사

숭(崇) 선사에게 어떤 승려가 물었다.
"어떤 것이 대한국(大漢國)의 경지입니까?"
"옥구(玉狗)[34]가 짖을 때에는 아직 날이 새지 않고, 금계(金雞)[35]가 운 뒤에야 오경이 시작된다."

"단하(丹霞)가 거사(居士)를 방문했는데, 딸이 광주리를 들지 않았을 때는 어떠합니까?"[36]
"한 번 굴러 이 속에 이르기를 바란다."

"어떤 것이 나산의 경지입니까?"
"포수(布水)의 물이 천 길이니라."

廣州羅山崇禪師。僧問。如何是大漢國境。師曰。玉狗吠時天未曉。金雞啼後五更初。問丹霞訪居士女子不攜籃時如何。師曰。也要到這裏一轉。問如何是羅山境。師曰。布水千尋。

---

34) 옥구(玉狗) : 달을 비유.
35) 금계(金鷄) : 해를 비유.
36) 단하가 방 거사를 방문하였을 때, 방 거사의 딸에게 '아버지께서 어디 가셨냐?'라고 물으니, 딸인 영조가 광주리를 머리에서 내려 놓고 손을 모으고 말없이 서 있었다. 이에 단하가 재차 물으니, 영조가 광주리를 다시 머리에 이고 가버렸다.

 토끼뿔

"단하(丹霞)가 거사(居士)를 방문했는데, 딸이 광주리를 들지 않았을 때는 어떠합니까?" 했을 때

대원은 "깊고 깊어서 안도 없다." 하리라.

소주(韶州) 운문(雲門) 보(寶) 화상

보(寶) 화상이 법상에 올라 말하였다.
"지극한 도는 어려울 것이 없으니, 오직 간택하는 것을 꺼린다고 하였는데, 아직도 간택하려 하는가? 안녕."

韶州雲門寶和尚。師上堂示眾曰。至道無難唯嫌揀擇。還有揀擇麼。珍重。

 토끼뿔

"지극한 도는 어려울 것이 없으니, 오직 간택하는 것을 꺼린다고 하였는데, 아직도 간택하려 하는가? 안녕." 했을 때

대원은 "방하착하소서." 하리라.
"아차차."

영주(郢州) 임계(臨谿) 경탈(竟脫) 화상

경탈 화상에게 어떤 승려가 물었다.
"어떤 것이 법신을 꿰뚫는 구절입니까?"
대사가 말하였다.
"눈 밝은 사람이라면 그대를 비웃는다."

"어떤 것이 법신입니까?"
"사해(四海)와 오호(五湖)의 나그네이니라."

"어떤 것이 본래의 사람입니까?"
"바람이 부니, 온 낯에 먼지이니라."

"우두가 4조를 뵙기 전에는 어떠합니까?"
"부자가 되면 손님이 많으니라."

郢州臨谿竟脫和尚。僧問。如何是透法身句。師曰。明眼人笑汝。問如何是法身。師曰。四海五湖賓。問如何是本來人。師曰。風吹滿面塵。問牛頭未見四祖時如何。師曰。富有多賓客。

"본 뒤에는 어떠합니까?"
"가난하면 왕래가 끊기느니라."

"어떤 것이 부처입니까?"
"네거리이니라."
"어떤 것이 법입니까?"
"세 집이 사는 마을이니라."
"부처와 법은 하나입니까, 둘입니까?"
"세 강을 건넌 노주(露柱)가 품은 감회의 한이 길다."

"어떤 것이 무봉탑(無縫塔)입니까?"
"복주(復州)의 성(城)이니라."
"어떤 것이 탑 속의 사람입니까?"
"용흥사(龍興寺)이니라."

曰見後如何。師曰。貧窮絶往還。問如何是佛。師曰。十字路頭。曰如何是法。師曰。三家村裏。曰佛之與法是一是二。師曰。露柱渡三江。猶懷感恨長。問如何是無縫塔。師曰。復州城。曰如何是塔中人。師曰。龍興寺。

토끼뿔

"부처와 법은 하나입니까, 둘입니까?" 했을 때

대원은 "자문자답하는구나." 하리라.

광주(廣州) 화엄(華嚴) 혜(慧) 선사

혜(慧) 선사에게 어떤 승려가 물었다.
"듣건대 옛사람이 망령된 마음이 없어진 자리가 곧 보리(菩提)라고 했는데, 망령된 마음일 때에도 보리가 있습니까?"
대사가 말하였다.
"소리가 이를 때 이미 비추었다."
"잘 모르겠습니다."
"망령된 마음이 없는 곳이 곧 보리이니라."

廣州華嚴慧禪師。僧問。承古人有言。妄心無處卽菩提。正當妄時還有菩提也無。師曰。來音已照。僧曰。不會。師曰。妄心無處卽菩提。

토끼뿔

"듣건대 옛사람이 망령된 마음이 없어진 자리가 곧 보리(菩提)라고 했는데, 망령된 마음일 때에도 보리가 있습니까?" 했을 때

대원은 "없어져 이룬 보리면 보리가 아니다." 하고, 할을 했을 것이다.

소주(韶州) 순봉(舜峯) 소(韶) 화상

소(韶) 화상이 처음에 운문 화상에게 물었다.
"보배달이 어찌하여 여기에서 빛이 갈라졌습니까?"
운문이 말하였다.
"천 광명이 같은 비춤이다."
대사가 말하였다.
"화상께서 가리켜 보여 주신 것이 고맙습니다."
"무엇을 보았는가?"

승정(僧正)이 대사의 방장에 들어오면서 말하였다.
"방장이 이처럼 어둡군."
대사가 말하였다.
"늙은 쥐의 굴속이다."

韶州舜峯韶和尚。初問雲門和尚。寶月為什麼於此分輝。雲門曰。千光同照。師曰。謝和尚指示。雲門曰。見什麼。僧正入師方丈乃曰。方丈得恁麼黑。師曰。老鼠窟。

승정이 말하였다.
"고양이를 들여보내면 좋겠군."
"들여보내 봐라."
승정이 대답이 없으니, 대사가 손뼉을 치면서 웃었다.

대사가 어떤 노숙과 함께 강을 건너다가 돈을 꺼내서 사공에게 주니, 노숙이 말하였다.
"주머니 속에 그와 같은 청동(靑銅) 조각이 있었군요."
대사가 읍(揖)하면서 말하였다.
"장로여, 웃기지 마시오."

僧正曰。放猫兒入好。師曰。試放看。僧正無對。師拊掌笑。師與老宿渡江次。師取錢與渡子。老宿曰。囊中若有靑銅片。師揖曰。長老莫笑。

 토끼뿔

∽ "보배달이 어찌하여 여기에서 빛이 갈라졌습니까?" 했을 때

대원은 "어디서 보기에 그런 말을 하는 것인가?" 하리라.

∽ "방장이 이처럼 어둡군." 했을 때

대원은 "봉사에겐 한낮도 어둡다." 하리라.

수주(隨州) 쌍천산(雙泉山) 사관(師寬) 명교(明敎) 대사

명교 대사가 법상에 올라 불자를 들고 말하였다.
"이것은 중하근기의 사람을 지도한 것이다."
이때에 어떤 승려가 물었다.
"상근기의 사람이 오면 어찌하겠습니까?"
"북을 쳐서 3군(軍)을 지휘한다."

"모든 것을 초월했다는 것마저 세우지 않는 종승을 어떻게 거량하시겠습니까?"
"감히 할 수 없다."
"그러면 중생들에게 희망이 있겠습니다."
"발밑의 물이 얼마나 깊은가?"

隨州雙泉山師寬明教大師。師上堂舉拂子曰。這箇接中下之人。時有僧問。上上人來如何。師曰。打鼓為三軍。問向上宗乘如何舉唱。師曰。不敢。曰恁麼即含生有望。師曰。腳下水深淺。

"온갖 언구(言句)는 모두가 유와 무에 떨어지는데, 유와 무에 떨어지지 않을 때에는 어떠합니까?"
"동불우대(東弗于代)37)이니라."
"그것도 역시 유와 무에 떨어집니다."
"헤아리다가 설산(雪山)의 서쪽을 지나쳤구나."

어떤 승려가 동산(洞山)에게 묻기를 "어떤 것이 부처입니까?" 하니, 동산이 말하기를 "삼 서근이니라."라고 한 것을 들어서, 대사가 말하였다.
"남쪽에 대밭이 있고, 북쪽에는 나무가 있다."

나중에 대사는 지문(智門)에 살았는데 어떤 승려가 물었다.
"지혜로써 알 수 없고 의식으로도 알 수 없을 때에는 어떠합니까?"
대사가 말하였다.
"그 같은 여우의 무리에는 들지 않는다."

問凡有言句盡落有無。不落有無時如何。師曰。東弗于代。曰這箇猶落有無。師曰。支過雪山西。僧問洞山。如何是佛。洞山云。麻三斤。師聞之乃曰。向南有竹向北有木。師後住智門。僧問。不可以智知不可以識識時如何。師曰。不入這箇野狐群隊。

---

37) 동불우대(東弗于代) : 수미산의 사방에 있는 四洲 중의 하나.

"어떤 것이 선정입니까?"
"두꺼비가 뛰어도 기둥 위를 벗어나지 못한다."
"어찌하여야 벗어나겠습니까?"
"남산에 구름이 일어나고, 북산에 비가 내린다."

"북두(北斗) 속에 몸을 숨긴다는 뜻이 무엇입니까?"
"닭은 추우면 나무에 오르고, 오리는 추우면 물로 들어간다."

"주장자를 세운 뜻이 무엇입니까?"
"한 잎사귀가 떨어지면 천하의 가을을 안다."

대사는 나중에 지문에서 여생을 마쳤다.

問如何是定。師曰。蝦跳不出斗。曰如何出得去。師曰。南山起雲北山下雨。問北斗裏藏身意旨如何。師曰。雞寒上樹鴨寒入水。問竪起杖子意旨如何。師曰。一葉落知天下秋。師後終於智門。

 토끼뿔

⌒ "모든 것을 초월했다는 것마저 세우지 않는 종승을 어떻게 거량하시겠습니까?" 했을 때

대원은 "어떻더냐?" 하리라.

⌒ "온갖 언구(言句)는 모두가 유와 무에 떨어지는데, 유와 무에 떨어지지 않을 때에는 어떠합니까?" 했을 때

대원은 "지금을 유라 하겠는가, 무라 하겠는가? 속히 일러라. 속히 일러." 하고

"그것도 역시 유와 무에 떨어집니다." 했을 때

대원은 "그런 말은 어떻게 있었는고? 빨리 일러라, 빨리." 하고, 할을 했을 것이다.

∽ "지혜로써 알 수 없고 의식으로도 알 수 없을 때에는 어떠합니까?" 했을 때

대원은 "기둥이 질문 전에 일렀다." 하리라.

∽ "북두(北斗) 속에 몸을 숨긴다는 뜻이 무엇입니까?" 했을 때

대원은 한 대 먹이리라.

영주(英州) 관음(觀音) 화상

관음 화상이 우물을 파는데, 어떤 승려가 물었다.
"우물의 깊이가 얼마나 됩니까?"
대사가 말하였다.
"그대의 콧구멍만치 들어가련다."

"우두가 4조를 보기 전에는 어떠합니까?"
"영주의 관음이니라."
"본 뒤에는 어떠합니까?"
"영주의 관음이니라."

"어떤 것이 관음의 묘한 지혜의 힘입니까?"
"바람이 찢어진 창문을 때려 소리를 낸다."

英州觀音和尚。因穿井。僧問。井深多少。師曰。沒汝鼻孔。問牛頭未見四祖時如何。師曰。英州觀音。曰見後如何。師曰。英州觀音。問如何是觀音妙智力。師曰。風射破窓鳴。

🐦 토끼뿔

"우두가 4조를 보기 전에는 어떠합니까?" 했을 때

대원은 "한 관문이 남았다." 하고

"본 뒤에는 어떠합니까?" 했을 때

대원은 "한 관문마저 없다는 것도 없다." 하리라.

소주(韶州) 임전(林泉) 화상

임전 화상에게 어떤 승려가 물었다.
"어떤 것이 임전의 주인입니까?"
대사가 말하였다.
"바위 밑의 흰 돌이니라."
"어떤 것이 임전의 가풍입니까?"
"손을 맞아 대접한다."

"어떤 것이 도입니까?"
"아득하고, 아득하다."
"학인이 선뜻 알았다면 어찌하겠습니까?"
"오래오래 반연을 잊은 이가 어찌 가느니 머무느니 하는 정(情)[38]을 품겠는가?"

韶州林泉和尙。僧問。如何是林泉主。師曰。巖下白石。曰如何是林泉家風。師曰。迎賓待客。問如何是道。師曰。迢迢。曰學人便領會時如何。師曰。久久忘緣者。寧懷去住情。

---

38) 정(情) : 외물에 이끌리어 일어나는 마음.

토끼뿔

"학인이 선뜻 알았다면 어찌하겠습니까?" 했을 때

대원은 "선뜻 안 이는 그런 말이 없다." 하리라.

소주(韶州) 운문(雲門) 후(煦) 화상

후(煦) 화상에게 어떤 승려가 물었다.
"어떤 것이 조사께서 서쪽에서 오신 뜻입니까?"
대사가 말하였다.
"지금은 이 무슨 뜻인가?"
"그럴듯하군요."
대사가 할을 해서 내쫓았다.

韶州雲門煦和尙。僧問。如何是祖師西來意。師曰。今是什麽意。僧曰。恰是。師乃喝去。

토끼뿔

"어떤 것이 조사께서 서쪽에서 오신 뜻입니까?" 했을 때

대원은 "촉령의 능에 짚신이니라." 하리라.

익주(益州) 청성(靑城) 향림원(香林院) 징원(澄遠) 선사

징원 선사는 처음에 서천(西川) 도강현(導江縣)의 영상사(迎祥寺) 천왕원(天王院)[39)]에 살았다.
어떤 승려가 물었다.
"맛 좋은 제호(醍醐)가 어째서 독약으로 변합니까?"
대사가 말하였다.
"도강(導江)의 종이니라."

"색(色)을 보자 곧 마음을 알 때는 어떠합니까?"
"아까 어디를 갔다 왔는가?"
"마음과 경계가 모두 없어질 때에는 어떠합니까?"
"눈을 뜨고 앉아서 조는구나."

益州靑城香林院澄遠禪師。初住西川導江縣迎祥寺天王院(時謂水精宮)。僧問。美味醍醐爲什麼變成毒藥。師曰。導江紙。問見色便見心時如何。師曰。適來什麼處去來。曰心境俱亡時如何。師曰。開眼坐睡。

---
39) 당시 수정궁이라 불렀다. (원주)

대사가 나중에는 청성(靑城)의 향림(香林)에 살았는데, 어떤 승려가 물었다.
"북두(北斗) 속에 몸을 숨긴다는 뜻이 무엇입니까?"
대사가 말하였다.
"달은 활등 같은데 비는 적고 바람은 많구나."

"어떤 것이 모든 부처님들의 마음입니까?"
"맑은 것은 끝까지 맑으니라."
"어떻게 알아야겠습니까?"
"남에게 속지 않는 것이 좋다."

"어떤 것이 조사께서 서쪽에서 오신 뜻입니까?"
"머뭇거리는 이는 누구냐?"

"어떤 것이 화상의 묘한 약입니까?"
"여러 맛을 여읨도 없다."

師後住青城香林。僧問。北斗裏藏身意如何。師曰。月似彎弓少雨多風。問如何是諸佛心。師曰。淸卽始終淸。曰如何領會。師曰。莫受人謾好。問如何是祖師西來意。師曰。躑步者誰。問如何是和尚妙藥。師曰。不離眾味。

"먹은 이는 어찌 됩니까?"
"씹어 삼켜 보아라."

"어떤 것이 방안의 온통인 등불입니까?"
"세 사람이 증명하면 자라가 거북이가 된다."

"어떤 것이 가사 밑의 일입니까?"
"섣달의 불이 산을 태운다."

"대중이 모였으니 스님께서 방편을 베풀어 주시기를 바랍니다."
"셋은 둘을 기다리지 않는다."

"어떤 것이 학인의 하루 동안의 일입니까?"
"흡흡."

曰喫者如何。師曰。咂啗看。問如何是室內一燈。師曰。三人證龜成鼈。問如何是衲衣下事。師曰。臘月火燒山。問大眾雲集請師施設。師曰。三不待兩。問如何是學人時中事。師曰。恰恰。

"어떠한 것이 현묘함입니까?"
"오늘은 왔고 내일은 간다."
"어떤 것이 현묘함 가운데의 현묘함입니까?"
"긴 평상 위이니라."

"어떤 것이 향림의 한 맥의 샘입니까?"
"생각이 끊일 사이가 없다."
"마시는 이는 어떠합니까?"
"곳에 따라 들어올려 턴다."

"어떤 것이 납자의 바른 안목입니까?"
"분별이 없다."
"비추어 작용하는 일은 어떠합니까?"
"길 가던 사람이 실족을 했구나."

問如何是玄。師曰。今日來明日去。曰如何是玄中玄。師曰。長連床上。問如何是香林一脈泉。師曰。念無間斷。曰飲者如何。師曰。隨方斗稱。問如何是衲僧正眼。師曰。不分別。曰照用事如何。師曰。行路人失脚。

"만 가지 기틀이 모두 쉬어서 비로소 본래의 사람을 알 때는 어떠합니까?"

"청정한 기틀이 스스로 드러났다."

"그러면 별다른 사람이 아니겠습니다."

"비로소 본래의 사람을 보았구나."

"고기가 육지에서 놀 때에는 어떠합니까?"

"말을 하면 반드시 뒤에 구제해야 함이 있다."

"도리어 푸른 못으로 내려갈 때에는 어떠합니까?"

"머리는 무겁고 꼬리는 가볍다."

"온갖 언어는 모두가 나그네인데 어떤 것이 주인입니까?"

"성안 장안이니라."

"어떻게 이해하리까?"

"천 집, 만 집이니라."

問萬機俱泯迹方識本來人時如何。師曰。清機自顯。曰恁麼即不別人。師曰。方見本來人。問魚游陸地時如何。師曰。發言必有後救。僧曰。却下碧潭時如何。師曰。頭重尾輕。問但有言句盡是賓。如何是主。師曰。長安城裏。曰如何領會。師曰。千家萬戶。

 토끼뿔

∽ "어떤 것이 납자의 바른 안목입니까?" 했을 때

대원은 "어떤 것이 바른 안목인가?" 하고

"비추어 작용하는 일은 어떠합니까?" 했을 때

대원은 "이럴 뿐이니라." 하리라.

∽ "만 가지 기틀이 모두 쉬어서 비로소 본래의 사람을 알 때는 어떠합니까?" 했을 때

대원은 "그런 말을 안 한다." 하고

"그러면 별다른 사람이 아니겠습니다." 했을 때

대원은 떨쳐 일어나 방장실로 들어가 버리리라.

색 인 표

ㄱ

가경(제9세)(24권)
가관 선사(19권)
가나제바(2권)
가문 선사(16권)
가비마라(1권)
가선 선사(26권)
가섭불(1권)
가야사다(2권)
가지 선사(10권)
가홍 선사(26권)
가훈 선사(26권)
가휴 선사(19권)
가휴(제2세)(24권)
간 선사(22권)
감지 행자(10권)
감홍 선사(15권)
강 선사(21권)
거방 선사(4권)
거회 선사(16권)
건봉 화상(17권)
계학산 화상(19권)
견숙 선사(8권)
겸 선사(20권)
경 선사(23권)
경산 감종(10권)
경산 홍인(11권)
경상(관음원)(26권)
경상(숭복원)(26권)
징소 선사(26권)
경여(제2세)(24권)
경잠 초현(10권)
경조 현자(17권)
경조미 화상(11권)
경준 선사(25권)
경진 선사(26권)
경탈 화상(22권)
경탈 화상(29권)

경통 선사(12권)
경현 선사(26권)
경혜 선사(15권)
경흔 선사(16권)
계눌 선사(21권)
계달 선사(24권)
계번 선사(19권)
계여 암주(21권)
계유 선사(23권)
계조 선사(25권)
계종 선사(24권)
계침 선사(21권)
계허 선사(10권)
고 선사(12권)
고사 화상(8권)
고정 화상(10권)
고정간선사(16권)
고제 화상(9권)
곡산 화상(23권)
곡산장 선사(16권)
곡은 화상(15권)
공기 화상(9권)
곽산 화상(11권)
관계 지한 선사(12권)
관남 장로(30권)
관음 화상(22권)
관주 나한(24권)
광 선사(14권)
광과 선사(23권)
광달 선사(25권)
광덕(제1세)(20권)
광목 선사(12권)
광법 행흠(24권)
광보 선사(13권)
광산 화상(23권)
광오 선사(22권)
광오(제4세)(17권)
광용 선사(12권)

광우 선사(24권)
광원 화상(26권)
광인 선사(15권)
광인 선사(17권)
광일 선사(20권)
광일 선사(25권)
광제 화상(20권)
광징 선사(8권)
광혜진 선사(13권)
광화 선사(20권)
괴성 선사(26권)
교 화상(12권)
교연 선사(18권)
구 화상(24권)
구나함모니불(1권)
구류손불(1권)
구마라다(2권)
구봉 도건(16권)
구봉 자혜(11권)
구산 정원(10권)
구산 화상(21권)
구종산 화상(15권)
구지 화상(11권)
굴다삼장(5권)
귀 선사(22권)
귀본 선사(19권)
귀신 선사(23권)
귀인 선사(20권)
귀정 선사(13권)
귀중 지상(7권)
규봉 종밀(13권)
근 선사(26권)
금륜 화상(22권)
금우 화상(8권)
기림 화상(10권)

ㄴ

나찬 화상(30권)

나한 화상(11권)
나한 화상(24권)
낙보 화상(30권)
남대 성(21권)
남대 화상(20권)
남악 남대(20권)
남악 회양(5권)
남원 화상(12권)
남원 화상(19권)
남전 보원(8권)
낭 선사(23권)
내 선사(22권)
녹 화상(21권)
녹수 화상(11권)
녹원 화상(13권)
녹원휘 선사(16권)
녹청 화상(15권)

ㄷ

다복 화상(11권)
단기 선사(23권)
단하 천연(14권)
달 화상(24권)
담공 화상(12권)
담권(제2세)(20권)
담명 화상(23권)
담장 선사(8권)
담조 선사(10권)
담최 선사(4권)
대긱 선사(12권)
대각 화상(12권)
대동 선사(15권)
대랑 화상(23권)
대력 화상(24권)
대령 화상(17권)
대모 화상(10권)
대범 화상(20권)
대비 화상(12권)

색 인 표

대승산 화상(23권)
대안 선사(9권)
대양 화상(8권)
대육 선사(7권)
대의 선사(7권)
대전 화상(14권)
대주 혜해(6권)
대천 화상(14권)
덕겸 선사(23권)
덕부 스님(29권)
덕산 선감(15권)
덕산(제7세)(20권)
덕소 국사(25권)
덕해 선사(22권)
도 선사(21권)
도간(제2세)(20권)
도건 선사(23권)
도견 선사(26권)
도겸 선사(23권)
도광 선사(21권)
도단 선사(26권)
도림 선사(4권)
도명 선사(4권)
도명 선사(6권)
도부 선사(18권)
도부 대사(19권)
도상 선사(10권)
도상 선사(25권)
도수 선사(4권)
도신 대사(3권)
도연 선사(20권)
도오(관남)(11권)
도오(천황)(14권)
도원 선사(26권)
도유 선사(17권)
도은 선사(21권)
도은 선사(23권)
도응 선사(17권)

도자 선사(26권)
도잠 선사(25권)
도전 선사 (17권)
도전(제12세)(24권)
도제(제11세)(26권)
도통 선사(6권)
도한 선사(17권)
도한 선사(22권)
도행 선사(6권)
도헌 선사(12권)
도흠 선사 (25권)
도흠 선사(4권)
도흠(제2세)(24권)
도희 선사(21권)
도희 선사(22권)
동계 화상(20권)
동봉 암주(12권)
동산 양개(15권)
동산혜 화상(9권)
동선 화상(19권)
동안 화상(8권)
동안 화상(16권)
동정 화상(23권)
동천산 화상(20권)
동탑 화상(12권)
둔유 선사(17권)
득일 선사(21권)
등등 화상(30권)

ㄹ
라후라다(2권)

ㅁ
마나라(2권)
마명 대사(1권)
마조 도일(6권)
마하가섭(1권)
만 선사(22권)

만세 화상(9권)
만세 화상(12권)
명 선사(17권)
명 선사(22권)
명 선사(23권)
명교 선사(22권)
명달소안(제4세)(26)권
명법 대사(21권)
명변 대사(22권)
명식 대사(22권)
명오 대사(22권)
명원 선사(21권)
명진 대사(19권)
명진 선사(21권)
명철 선사(7권)
명철 선사(14권)
명혜 대사(24권)
명혜 선사(22권)
모 화상(17권)
자사진조(12권)
몽계 화상(8권)
몽필 화상(19권)
묘공 대사(21권)
묘과 대사(21권)
무등 선사(7권)
무료 선사(8권)
무업 선사(8권)
무염 대사(12권)
무원 화상(15권)
무은 선사(17권)
무일 선사(24권)
무주 선사(4권)
무휴 선사(20권)
문 화상(22권)
문수 선사(17권)
문수 선사(25권)
문수 화상(16권)
문수 화상(20권)

문습 선사(24권)
문언 선사(19권)
문의 선사(21권)
문익 선사(24권)
문흠 선사(22권)
문희 선사(12권)
미령 화상(12권)
미령 화상(8권)
미선사(제2세)(23권)
미차가(1권)
미창 화상(12권)
미창 화상(14권)
민덕 화상(12권)

ㅂ
바사사다(2권)
바수밀(1권)
바수반두(2권)
박암 화상(17권)
반산 화상(15권)
반야다라(2권)
방온 거사(8권)
배도 선사(30권)
배휴(12권)
백거이(10권)
백곡 화상(23권)
백령 화상(8권)
백수사화상(16권)
백운 화상(24권)
백운약 선사(15권)
범 선사(20권)
범 선사(23권)
법건 선사(26권)
법괴 선사(26권)
법단 대사(11권)
법달 선사(5권)
법등 태흠(30권)
법만 선사(13권)

색 인 표

법보 선사(22권)
법상 선사(7권)
법운 대사(22권)
법운공(27권)
법융 선사(4권)
법의 선사(20권)
법제 선사(23권)
법제(제2세)(26권)
법지 선사(4권)
법진 선사(11권)
법해 선사(5권)
법현 선사(24권)
법회 선사(6권)
변륭 선사(26권)
변실(제2세)(26권)
보 선사(22권)
보개산 화상(17권)
보개약 선사(16권)
보광 혜심(24권)
보광 화상(14권)
보리달마(3권)
보만 대사(17권)
보명 대사(19권)
보문 대사(19권)
보봉 신당(17권)
보봉 화상(15권)
보수 화상(12권)
보수소 화상(12권)
보승 선사(24권)
보안 선사(9권)
보운 선사(7권)
보응 화상(12권)
보적 선사(7권)
보지 선사(27권)
보철 선사(7권)
보초 선사(24권)
보화 화상(10권)
보화 화상(24권)

복계 화상(8권)
복룡산(제1세)(17권)
복룡산(제2세)(17권)
복룡산(제3세)(17권)
복림 선사(13권)
복분 암주(12권)
복선 화상(26권)
복수 화상(13권)
복타밀다(1권)
본계 화상(8권)
본동 화상(14권)
본선 선사(26권)
본인 선사(17권)
본정 선사(5권)
봉 선사(11권)
봉 화상(23권)
봉린 선사(20권)
부강 화상(11권)
부나야사(1권)
부배 화상(8권)
부석 화상(11권)
불암휘 선사(12권)
불여밀다(2권)
불오 화상(8권)
불일 화상(20권)
불타 화상(14권)
불타난제(1권)
붕언 대사(26권)
비 선사(20권)
비구니 요연(11권)
비마암 화상(10권)
비바시불(1권)
비사부불(1권)
비수 화상(8권)
비전복 화상(16권)

ㅅ

사 선사(23권)

사건 선사(17권)
사구 선사(26권)
사귀 선사(22권)
사내 선사(19권)
사눌 선사(21권)
사명 선사(12권)
사명 화상((15권)
사밀 선사(23권)
사보 선사(23권)
사선 화상(16권)
사야다(2권)
사언 선사(17권)
사욱 선사(18권)
사위 선사(20권)
사자 존자(2권)
사정 상좌(21권)
사조 선사(10권)
사지 선사(26권)
사진 선사(22권)
사해 선사(11권)
사호 선사(26권)
삼상 화상(20권)
삼성 혜연(12권)
삼양 암주(12권)
상 선사(22권)
상 화상(22권)
상각 선사(24권)
상관 선사(9권)
상나화수(1권)
상전 학상(26권)
상진 선사(23권)
상찰 선사(17권)
상통 선사(11권)
상혜 선사(21권)
상홍 선사(7권)
서 선사(19권)
서류 선사(25권)
서목 화상(11권)

서선 화상(10권)
서선 화상(20권)
서암 화상(17권)
석가모니불(1권)
석경 화상(23권)
석구 화상(8권)
석두 희천(14권)
석루 화상(14권)
석림 화상(8권)
석상 경제(15권)
석상 대선 (8권)
석상 성공(9권)
석상휘 선사(16권)
석제 화상(11권)
석주 화상(16권)
선각 선사(8권)
선도 선사(20권)
선도 화상(14권)
선미(제3세)(26권)
선본 선사(17권)
선상 대사(22권)
선소 선사(13권)
선소 선사(24권)
선자 덕성(14권)
선장 선사(17권)
선정 선사(20권)
선천 화상(14권)
선최 선사 (12권)
선혜 대사(27권)
섭봉 의존(16권)
성공 선사(14권)
성선사(제3세)(20권)
성수엄 선사(17권)
소 화상(22권)
소계 화상(30권)
소명 선사(26권)
소산 화상(30권)
소수 선사(24권)

색 인 표

소암 선사(25권)	승둔 선사(26권)	여눌 선사(15권)	영초 선사(16권)
소요 화상(8권)	승밀 선사(15권)	여만 선사(6권)	영태 화상(19권)
소원(제4세)(24권)	승일 선사(16권)	여민 선사(11권)	영평 선사(23권)
소자 선사(23권)	승찬 대사(3권)	여보 선사(12권)	영함 선사(21권)
소종 선사(12권)	시기불(1권)	여신 선사(22권)	영훈 선사(10권)
소진 대사(12권)	시리 선사(14권)	여체 선사(19권)	오공 대사(23권)
소현 선사(25권)	신건 선사(11권)	여회 선사(7권)	오공 선사(24권)
송산 화상(8권)	신당 선사(17권)	역촌 화상(12권)	오구 화상(8권)
수 선사(24권)	신라 청원(17권)	연 선사(21권)	오운 화상(30권)
수계 화상(8권)	신록 선사(23권)	연관 선사(24권)	오통 대사(23권)
수공 화상(14권)	신수 선사(4권)	연교 대사(12권)	온선사(제1세)(20권)
수눌 선사(19권)	신안 국사(18권)	연규 선사(25권)	와관 화상(16권)
수눌 선사(26권)	신장 선사(8권)	연덕 선사(26권)	와룡 화상(17권)
수당 화상(8권)	신찬 선사(9권)	연무 선사(17권)	와룡 화상(20권)
수로 화상(8권)	실성 대사(22권)	연수 선사(26권)	왕경초상시(11권)
수룡산 화상(21권)	심 선사(23권)	연수 화상(23권)	요 화상(23권)
수륙 화상(12권)	심철 선사(20권)	연승 선사(26권)	요각(제2세)(21권)
수빈 선사(21권)	쌍계전도자(12권)	연종 선사(19권)	요공 대사(21권)
수산 성념(13권)		연화(제2세)(23권)	요산 화상(11권)
수안 선사(24권)	ㅇ	연화상(제2세)(23권)	요종 대사(21권)
수월 대사(21권)	아난 존자(1권)	영 선사(19권)	용 선사(20권)
수유산 화상(10권)	악록산 화상(22권)	영가 현각(5권)	용수 존자(1권)
수인 선사(25권)	안선사(제1세)(20권)	영각 화상(20권)	용계 화상(20권)
수진 선사(24권)	암 화상(20권)	영감 선사(26권)	용광 화상(20권)
수청 선사(22권)	암두 전활(16권)	영감 화상(23권)	용담 숭신(14권)
순지 대사(12권)	암준 선사(15권)	영관사(12권)	용산 화상(8권)
숭 선사(22권)	앙산 혜적(11권)	영광 선사(24권)	용아 거둔(17권)
숭교 대사(23권)	애 선사(23권)	영규 선사(15권)	용운대 선사(9권)
숭산 화상(10권)	약산 유엄(14권)	영도 선사(5권)	용준산 화상(17권)
숭은 화상(16권)	약산(제7세)(23권)	영명 대사(18권)	용천 화상(23권)
숭진 화상(23권)	약산고 사미(14권)	영묵 선사(7권)	용청 선사(26권)
숭혜 선사(4권)	양 선사(6권)	영서 화상(13권)	용혈산 화상(23권)
습득(27권)	양 좌주(8권)	영승(제1세)(23권)	용회 도심(30권)
승 화상(23권)	양광 선사(25권)	영안(제5세)(26권)	용흥 화상(17권)
승가 화상(27권)	양수 선사(9권)	영암 화상(23권)	우녕 선사(26권)
승가난제(2권)	언단 선사(22권)	영엄 선사(23권)	우두미 선사(15권)
승광 화상(11권)	언빈 선사(20권)	영운 지근(11권)	우바국다(1권)
승나 선사(3권)	엄양 존자(11권)	영준 선사(15권)	우섬 선사(26권)

색 인 표

우안 선사(26권)
우연 선사(21권)
우연 선사(22권)
우진 선사(26권)
운개 지한(17권)
운개경 화상(17권)
운산 화상(12권)
운암 담성(14권)
운주 화상(20권)
운진 선사(23권)
원 선사(22권)
원 화상(23권)
원광 선사(23권)
원규 선사(4권)
원명 선사(11권)
원명(제3세)(23권)
원명(제9세)(22권)
원소 선사(26권)
원안 선사(16권)
원엄 선사(19권)
원제 선사(26권)
원조 대사(23권)
원지 선사(14권)
원지 선사(21권)
월륜 선사(16권)
월화 화상(24권)
위 선사(20권)
위국도 선사(9권)
위부 화엄(30권)
위산 영우(9권)
유 선사(24권)
유 화상(24권)
유건 선사(6권)
유경 선사(29권)
유계 화상(15권)
유관 선사(7권)
유연 선사(17권)
유원 화상(8권)

유장 선사(20권)
유정 선사(4권)
유정 선사(6권)
유정 선사(9권)
유칙 선사(4권)
육긍 대부(10권)
육통원소선사(17권)
윤 선사(22권)
윤 스님(29권)
은미 선사(23권)
은봉 선사(8권)
응천 화상(11권)
의능(제9세)(26권)
의름 선사(26권)
의소 화상(23권)
의안 선사(14권)
의원 선사(26권)
의유(제13세)(26권)
의인 선사(23권)
의전 선사(26권)
의초 선사(12권)
의총 선사(22권)
의충 선사(14권)
이산 화상(8권)
이종 선사(10권)
인 선사(19권)
인 선사(22권)
인 화상(23권)
인검 선사(4권)
인존 화상(5권)
인혜 대사(18권)
일용 화상(11권)
일자 화상(10권)
임전 화상(19권)
임제 의현(12권)
임천 화상(22권)

ㅈ

자광 화상(23권)
자국 화상(16권)
자동 화상(11권)
자만 선사(6권)
자복 화상(22권)
자재 선사(7권)
자화 화상(22권)
장 선사(20권)
장 선사(23권)
장경 혜릉(18권)
장용 선사(22권)
장이 선사(10권)
장평산 화상(12권)
적조 선사(21권)
전긍 선사(26권)
전법 화상(23권)
전부 선사(12권)
전식 선사(4권)
전심 대사(21권)
전은 선사(24권)
전초 선사(20권)
정 선사(21권)
정과 선사(20권)
정수 대사(22권)
정수 선사(13권)
정오 대사(21권)
정오 선사(20권)
정원 화상(23권)
정조 혜동(26권)
정체 선사(24권)
정혜 화상(21권)
제 선사(25권)
제다가(1권)
제봉 화상(8권)
제안 선사(7권)
제안 화상(10권)
조 선사(9권)
조 선사(22권)

조산 본적(17권)
조수(제2세)(24권)
조주 종심(10권)
존수 선사(16권)
종괴 선사(21권)
종귀 선사(22권)
종랑 선사(11권)
종범 선사(17권)
종선 선사(24권)
종성 선사(23권)
종습 선사(19권)
종실 선사(23권)
종의 선사(26권)
종일 선사(21권)
종일 선사(26권)
종전 선사(19권)
종정 선사(19권)
종지 선사(20권)
종철 선사(12권)
종현 선사(25권)
종혜 대사(23권)
종효 선사(21권)
종혼 선사(21권)
주 선사(24권)
주지 선사(21권)
준 선사(24권)
준고 선사(15권)
중도 화상(20권)
중만 선사(23권)
중운개 화상(16권)
중흥 선사(15권)
증각 선사(23권)
증선사(제2세)(20권)
지 선사(4권)
지견 선사(6권)
지관 화상(12권)
지구 선사(22권)
지균 선사(25권)

색 인 표

지근 선사(26권)
지단 선사(22권)
지덕 대사(21권)
지도 선사(5권)
지륜 선사(24권)
지묵(제2세)(22권)
지봉 대사(26권)
지봉 선사(4권)
지부 선사(18권)
지상 선사(5권)
지성 선사(5권)
지암 선사(4권)
지엄 선사(24권)
지옹(제3세)(24권)
지원 선사(16권)
지원 선사(17권)
지원 선사(21권)
지위 선사(4권)
지은 선사(24권)
지의 대사(25권)
지의 선사(27권)
지의 화상(12권)
지장 선사(7권)
지장 화상(24권)
지적 선사(22권)
지조(제3세)(23권)
지진 선사(9권)
지징 대사(26권)
지철 선사(5권)
지통 선사(10권)
지통 선사(5권)
지행(제2세)(23권)
지황 선사(5권)
지휘 선사(20권)
진 선사(20권)
진 선사(23권)
진 존숙(12권)
진각 대사(18권)

진각 대사(24권)
진감(제4세)(23권)
진랑 선사(14권)
진응 선사(13권)
진적 선사(21권)
진적 선사(23권)
진화상(제3세)(23권)
징 선사(22권)
징 화상(24권)
징개 선사(24권)
징원 선사(22권)
징정 선사(21권)
징조 대사(15권)

ㅊ

찰 선사(29권)
창선사(제3세)(20권)
책진 선사(25권)
처미 선사(9권)
처진 선사(20권)
천개유 선사(16권)
천룡 화상(10권)
천복 화상(15권)
천왕원 화상(20권)
천태 화상(17권)
청간 선사(12권)
청교 선사(23권)
청면(제2세)(23권)
청모 선사(24권)
청법 선사(21권)
청석 선사(25권)
청양 선사(13권)
청요 선사(23권)
청용 선사(25권)
청욱 선사(26권)
청원 화상(17권)
청원 행사(5권)

청좌산 화상(20권)
청진 선사(23권)
청품(제8세)(23권)
청해 선사(23권)
청해 선사(24권)
청호 선사(21권)
청환 선사(21권)
청활 선사(22권)
초 선사(20권)
초남 선사(12권)
초당 화상(8권)
초복 화상(15권)
초오 선사(19권)
초증 대사(18권)
초훈(제4세)(24권)
총인 선사(7권)
추산 화상(17권)
충언(제8세)(23권)
취미 무학(14권)
칙천 화상(8권)
침 선사(22권)

ㅌ

타지 화상(8권)
태원부 상좌(19권)
태흠 선사(25권)
통 선사(17권)
통 선사(19권)
통법 도성(26권)
통변 도홍(26권)
통화상(제2세)(24권)
투자 감온(15권)

ㅍ

파조타 화상(4권)
파초 화상(16권)
파초 화상(20권)

ㅎ

하택 신회(5권)
학륵나(2권)
학림 선사(4권)
한 선사(10권)
한산자(27권)
함계 선사(17권)
함광 선사(24권)
함택 선사(21권)
항마장 선사(4권)
해안 선사(16권)
해호 화상(16권)
행랑 선사(23권)
행명 대사(26권)
행수 선사(17권)
행숭 선사(22권)
행애 선사(23권)
행언 도사(25권)
행인 선사(23권)
행전 선사(20권)
행주 선사(19권)
행충(제1세)(23권)
향 거사(3권)
향성 화상(20권)
향엄 지한(11권)
향엄의단선사(10권)
헌 선사(20권)
현눌 선사(19권)
현량 선사(24권)
현밀 선사(23권)
현사 사비(18권)

색 인 표

현소 선사(4권)
현오 선사(20권)
현정 대사(4권)
현지 선사(24권)
현진 선사(10권)
현책 선사(5권)
현천언 선사(17권)
현천(제2세)(23권)
현칙 선사(25권)
현태 상좌(16권)
현통 선사(18권)
협 존자(1권)
협산 선회(15권)
혜 선사(20권)
혜 선사(22권)
혜 선사(23권)
혜가 대사(3권)
혜각 대사(21권)
혜각 선사(11권)
혜거 국사(25권)
혜거 선사(20권)
혜거 선사(26권)
혜공 선사(16권)
혜광 대사(23권)
혜능 대사(5권)
혜달 선사(26권)
혜랑 선사(14권)
혜랑 선사(21권)
혜랑 선사(26권)
혜념 선사(22권)
혜류 대사(22권)
혜만 선사(3권)
혜명 선사(25권)
혜방 선사(4권)
혜사 선사(27권)
혜성 선사(14권)
혜성(제14세)(26권)
혜안 국사(4권)

혜오 선사(21권)
혜원 선사(25권)
혜월법단(제3세)(26권)
혜일 대사(11권)
혜장 선사(6권)
혜제 선사(25권)
혜종 선사(17권)
혜철(제2세)(23권)
혜청 선사(12권)
혜초 선사(9권)
혜충 국사(5권)
혜충 선사(4권)
혜충 선사(23권)
혜하 대사(20권)
혜해 선사(20권)
호감 대사(22권)
호계 암주(12권)
홍구 선사(12권)
홍나 화상(8권)
홍변 선사(9권)
홍엄 선사(21권)
홍은 선사(6권)
홍인 대사(3권)
홍인 선사(22권)
홍장(제4세)(23권)
홍제 선사(23권)
홍진 선사(24권)
홍천 선사(16권)
홍통 선사(20권)
화룡 화상(23권)
화림 화상(14권)
화산 화상(17권)
화엄 화상(20권)
환보 선사(16권)
환중 선사(9권)
황룡(제2세)(26권)
황벽 희운(9권)
회기 대사(23권)

회악 선사(18권)
회악(제4세)(20권)
회우 선사(16권)
회운 선사(7권)
회운 선사(20권)
회정 선사(9권)
회주 선사(23권)
회초(제2세)(23권)
회충 선사(16권)
회통 선사(4권)
회해 선사(6권)
횡룡 화상(23권)
효료 선사(5권)
효영(제5세)(26권)
효오 대사(21권)
후 화상(22권)
후동산 화상(20권)
후초경 화상(22권)
휴정 선사(17권)
흑간 화상(8권)
흑수 화상(24권)
흑안 화상(8권)
흥고 선사(23권)
흥법 대사(18권)
흥평 화상(8권)
흥화 존장(12권)
희변 선사(26권)
희봉 선사(25권)
희원 선사(26권)

부록은 농선 대원 선사님의 인가 내력과 법어 그리고 대원 선사님께서 직접 작사하신 노래 가사를 실었다. 특히 요즘 선지식 없이 공부하는 이들을 위하여 수행의 길로부터 불보살님의 누림까지 닦아 증득할 수 있도록 '부록4'에 '가슴으로 부르는 불심의 노래' 가사를 담았으니 끝까지 정독하여 수행의 요긴한 지침이 되기를 바란다.

부 록

부록1 농선 대원 선사님 인가 내력   275
부록2 농선 대원 선사님 법어   283
부록3 21세기에 인류가 해야 할 일   311
부록4 가슴으로 부르는 불심의 노래   315

농선 대원 선사님 인가 내력

제 1 오도송

이 몸을 끄는 놈 이 무슨 물건인가?
골똘히 생각한 지 서너 해 되던 때에
쉬이하고 불어온 솔바람 한 소리에
홀연히 대장부의 큰 일을 마치었네

무엇이 하늘이고 무엇이 땅이런가
이 몸이 청정하여 이러-히 가없어라
안팎 중간 없는 데서 이러-히 응하니
취하고 버림이란 애낭초 없나네

하루 온종일 시간이 다하도록
헤아리고 분별한 그 모든 생각들이
옛 부처 나기 전의 오묘한 소식임을
듣고서 의심 않고 믿을 이 누구인가!

此身運轉是何物
疑端汨沒三夏來
松頭吹風其一聲
忽然大事一時了

何謂靑天何謂地
當體淸淨無邊外
無內外中應如是
小分取捨全然無

一日於十有二時
悉皆思量之分別
古佛未生前消息
聞者卽信不疑誰

대원 선사님의 스승이신 불조정맥 제77조 조계종(曹溪宗) 전강(田岡) 대선사님께서 1962년 대구 동화사의 조실로 계실 당시 대원 선사님께서도 동화사에 함께 머무르고 계셨다.

하루는 전강 대선사님께서 대원 선사님의 3연으로 되어 있는 제1오도송을 들어 깨달은 바는 분명하나 대개 오도송은 짧게 짓는다고 말씀하셨다. 이에 대원 선사님께서는 제1오도송을 읊은 뒤, 도솔암을 떠나 김제들을 지나다가 석양의 해와 달을 보고 문득 읊었던 제2오도송을 일러드렸다.

제 2 오도송

해는 서산 달은 동산 덩실하게 얹혀 있고
김제의 평야에는 가을빛이 가득하네
대천이란 이름자도 서지를 못하는데
석양의 마을길엔 사람들 오고 가네

日月兩嶺載同模
金提平野滿秋色
不立大千之名字
夕陽道路人去來

제2오도송을 들으신 전강 대선사님께서는 이에 그치지 않고 그와 같은 경지를 담은 세송을 이 자리에서 즉시 한 수 지어볼 수 있겠냐고 하셨다. 대원 선사님께서는 곧바로 다음과 같이 읊으셨다.

바위 위에는 솔바람이 있고
산 아래에는 황조가 날도다

대천도 흔적조차 없는데
달밤에 원숭이가 어지러이 우는구나

岩上在松風
山下飛黃鳥
大千無痕迹
月夜亂猿啼

　전강 대선사님께서는 위 송의 앞의 두 구를 들으실 때만 해도 지그시 눈을 감고 계시다가 뒤의 두 구를 마저 채우자 문득 눈을 뜨고 기뻐하는 빛이 역력하셨다.
　그러나 전강 대선사님께서는 여기에서도 그치지 않고 다시 한 번 물으셨다.
　"대중들이 자네를 산으로 불러내어 그 중에 법성(향곡 스님 법제자인 진제 스님. 동화사 선방에 있을 당시에 '법성'이라 불렸고, 나중에 '법원'으로 개명하였다.)이 달마불식(達磨不識) 도리를 일러보라 했을 때 '드러났다'라고 답했다는데, 만약에 자네가 당시의 양무제였다면 '모르오'라고 이르고 있는 달마 대사에게 어떻게 했겠는가?"
　대원 선사님께서 답하셨다.
　"제가 양무제였다면 '성인이라 함도 서지 못하나 이러-히 짐의 덕화와 함께 어우러짐이 더욱 좋지 않겠습니까?' 하며 달마 대사의 손을 잡아 일으켰을 것입니다."
　전강 대선사님께서 탄복하며 말씀하셨다.
　"어느새 그 경지에 이르렀는가?"

"이르렀다곤들 어찌하며, 갖추었다곤들 어찌하며, 본래라곤들 어찌하리까? 오직 이러-할 뿐인데 말입니다."

대원 선사님께서 연이어 말씀하시자 전강 대선사님께서 이에 환희하시니 두 분이 어우러진 자리가 백아가 종자기를 만난 듯, 고수명창 어울리듯 화기애애하셨다.

달마불식 공안에 대한 위의 문답은 내력이 있는 것이다. 전강 대선사님께서 대원선사님을 부르시기 며칠 전에, 저녁 입선 시간 중에 노장님 몇 분만이 자리에 앉아있을 뿐 자리가 텅텅 비어 있었다고 한다.

대원 선사님께서 이상히 여기고 있던 중, 밖에서 한 젊은 수좌가 대원선사님을 불렀다. 그 수좌의 말이 스님들이 모두 윗산에 모여 기다리고 있으니 가자고 하기에 무슨 일인가 하고 따라가셨다.

그러자 그 자리에 있던 법성 스님이 보자마자 달마불식 법문을 들고 이르라고 하기에 지체없이 답하셨다.

"드러났다."

곁에 계시던 송암 스님께서 또 안수정등 법문을 들고 물으셨다.

"여기서 어떻게 살아나겠소?"

대뜸 큰소리로 이르셨다.

"안·수·정·등."

이에 좌우에 모인 스님들이 함구무언(緘口無言)인지라 대원 선사님께서는 먼저 그 자리를 떠나 내려와 버리셨다.

그 다음날 입승인 명허 스님께서 아침 공양이 끝난 자리에서 지난 밤 입선시간 중에 무단으로 자리를 비운 까닭을 묻는 대중 공사를 붙여산 중에서 있었던 일들이 낱낱이 드러나고 말았다. 그리하여 입선시간 중에 자리를 비운 스님들은 가사 장삼을 수하고 조실인 전강 대선사님께 참회의 절을 했던 일이 있었다.

전강 대선사님께서는 이때에 대원 선사님께서 달마불식 도리에 대해 일렀던 경지를 점검하셨던 것이다.

이런 철저한 검증의 자리가 있었던 다음 날, 전강 대선사님께서 부르시기에 대원 선사님께서 가보니 모든 것이 약조된 데에서 주지인 월산(月山) 스님께서 입회해 계셨으며 전강 대선사님께서는 곧바로 다음과 같이 전법게(傳法偈)를 전해주셨다.

전 법 게

부처와 조사도 일찍이 전한 것이 아니거늘
나 또한 어찌 받았다 하며 준다 할 것인가
이 법이 2천년대에 이르러서
널리 천하 사람을 제도하리라

佛祖未曾傳
我亦何受授
此法二千年
廣度天下人

덧붙여 이 일은 월산 스님이 증인이며 2000년까지 세 사람 모두 절대 다른 사람이 알게 하거나 눈에 띄게 하지 않아야 한다고 당부하셨다.

 만약 그러지 않을 시에는 대원 선사님께서 법을 펴 나가는데 장애가 있을 것이라고 예언하셨다. 또한 각별히 신변을 조심하라 하시고 월산 스님에게 명령해 대원선사님을 동화사의 포교당인 보현사에 내려가 교화에 힘쓰게 하셨다.

 대원 선사님께서 보현사로 떠나는 날, 전강 대선사님께서는 미리 적어두셨던 부송(付頌)을 주셨으니 다음과 같다.

　　　부 송

어상을 내리지 않고 이러-히 대한다 함이여
뒷날 돌아이가 구멍 없는 피리를 불리니
이로부터 불법이 천하에 가득하리라

不下御床對如是
後日石兒吹無孔
自此佛法滿天下

 위의 게송에서 '어상을 내리지 않고 이러-히 대한다 함이여'라는 첫째 줄 역시 내력이 있는 구절이다.
 전에 대원 선사님께서 전강 대선사님을 군산 은적사에서 모시고 계실 당시 마당에서 홀연히 마주쳤을 때 다음과 같은 문답이 있었다.
 전강 대선사님께서 물으셨다.
 "공적(空寂)의 영지(靈知)를 이르게."

대원 선사님께서 대답하셨다.

"이러-히 스님과 대담(對談)합니다."
"영지의 공적을 이르게."
"스님과의 대담에 이러-합니다."
"어떤 것이 이러-히 대담하는 경지인가?"
"명왕(明王)은 어상(御床)을 내리지 않고 친하 일에 밝습니다."

위와 같은 문답 중에 대원 선사님께서 답하신 경지를 부송의 첫째 줄에 담으신 것이다.

전강 대선사님께서 대원선사님을 인가(印可)하신 과정을 볼 때 한 번, 두 번, 세 번을 확인하여 철저히 점검하신 명안종사의 안목에 탄복하지 않을 수 없으며 이에 끝까지 1초의 머뭇거림도 없이 명철하셨던 대원선사님께 찬탄하지 않을 수 없다.

그리하여 법열로 어우러진 두 분의 자리가 재현된 듯 함께 환희용약 하지 않을 수 없다.

이제 전강 대선사님과 약속한 2천년대를 맞이하였으므로 여기에 전법게를 밝힌다.

이로써 경허, 만공, 전강 대선사님으로 내려온 근대 대선지식의 정법의 횃불이 이 시대에 이어져 전강 대선사님의 예언대로 불법이 천하에 가득할 것이다.

농선 대원 선사님 법어

깨달음은 실증실수다. 그러나 지금의 불교가 잘못된 견해와 지식으로 불조의 가르침을 왜곡하고 견성성불 하고자 애쓰는 수행인들을 오히려 길을 잃고 헤매게 하고 있다.

그래서 이 장에서는 대원 선사님의 혜안으로 제방에서 논의되는 불교의 핵심적인 대목을 밝혀, 불조의 근본 종지를 드러내고 불교가 나아가야 할 바를 보였다.

깨달음의 정수를 담은 12게송은 실제 깨닫지 못하고 말로만 깨달음을 말하거나 혹은 깨달았다 해도 보림이 미진한 이들을 경계하게 하며 실증의 바탕에서 닦아 증득할 수 있도록 하였으니, 생사를 결단하고 본연한 참나를 회복하려는 이들에게 칠흑 같은 밤길에 등불과 같은 실삽이가 될 것이다.

화두실참

　제방의 선방 상황을 보면 목적지에 이르는 길을 몰라 노정길을 묻고 있는 격이다. 무자와 이뭐꼬 화두가 최고라 하면서도 실제 실참을 하지 못하고 있기 때문이다. '이 무엇인고?' 하면서 이 눈으로 보려 한다면 경계 위에서 찾는 것이어서 억만 겁을 두고 찾아도 찾을 수 없다. 그러므로 깨달아 일체종지를 이룬 스승의 분명한 안목의 지도가 없다면 화두를 들든, 관법을 행하든, 염불을 하든 깨달음을 기약한다는 것이 정말 어렵다 할 것이다.

개유불성

부처님께서 분명히 준동함령 개유불성(蠢動含靈 皆有佛性)이라고 하셨다. 이것은 모든 만물이 다 부처가 될 성품을 갖고 있다는 뜻이다. 불성이 하나라고 주장하는 목소리가 불교계에 드높으나 이것은 개유불성 즉, 낱낱이 제 불성은 제가 지니고 있다는 부처님의 말씀을 정면으로 어기는 말이다.

옛 선사님 말씀에 '천지(天地)가 여아동근(與我同根)이고 만물(万物)이 여아일체(與我一切)'라고 했다. '천지가 여아동근이다' 라는 것은 하늘 땅이 나와 더불어 같은 뿌리라는 말이다.

'나와 더불어'라고 했고 또한 한 뿌리가 아니라 같은 뿌리라고 했다. '더불 여(與)'자와 '같을 동(同)'자가 이미 하나라 할 수 없다는 것을 말해주고 있다. 즉 이 말은 하나와도 같다, 한결같이 똑같다는 말이다. 하나라면 '같을 동'자 뿐만 아니라 일이란 글자도 설 수 없다. 일은 이가 있을 때에야 비로소 설 수 있는 것이다.

그러므로 '천지가 여아동근이다' 즉 하늘과 땅이 나와 더불어 같은 뿌리라는 것은 모든 것이 한결같이 가없는 성품 자체에서 비롯되었다는 말이다.

또한 '만물이 여아일체이다' 즉 만물이 나와 더불어 한 몸이라는 말에서 일체란 하나의 몸을 말하는 것이 아니라 모든 불성이 가없는 성품 자체로 서로 상즉한 온통인 몸을 말하는 것이어서 만물이 나와 더불어 상즉한 자체를 말한 것이다.

공부를 많이 한 사람이 외도에 깊이 떨어지는 경우가 있다. 인가를 받지 못한 선지식들이 모두 체성을 보지 못한 이는 아니다. 가없는 성품 자체에 사무치고 보니 도저히 둘일 수가 없으므로 불성이 하나라고 한 것이다. 그러나 불성이 하나라고 하는 것은 바른 깨달음이 아니다. 그래서 인가를 받지 않으면 외도라 하는 것이다. 체성에 사무쳤다 해도 스승의 지도를 받아 일체종지를 이루지 못하면 이런 큰 허물을 짓는 것이다.

만약 불성이 하나라고 하는 이가 있으면 "아픈 것을 느끼는 것이 몸뚱이냐, 자성이냐?"라고 물어야 한다. 그러면 당연히 누구나 자성이라고 답할 것이다. 만약 몸뚱이가 아픔을 느끼는 것이라면 시체도 아픔을 느껴야 하기 때문이다. 이렇게 볼 때에 자성이 하나라면 누군가 아플 때 동시에 모두 아픔을 느껴야 할 것이다. 또한 한 사람이 생각을 일으킬 때 이를 모두 알아야 한다. 불성이 하나라면 마음도 하나여서 다른 마음이 있을 수 없기 때문이다.

돈오돈수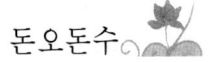

제방에 돈오돈수(頓悟頓修)에 대한 여러 가지 서로 다른 주장으로 시비가 끊어지지 않고 있다. 이로 인해 수행자들이 견성하면 더 이상 닦을 것이 없다는 그릇된 견해에 집착하거나 의심을 일으킬까 염려하여 여기에 바른 돈오돈수의 이치를 밝히고자 한다.

견성이 곧 돈오돈수라고 하는 분들이 많다.
그러나 견성이 곧 구경지인 성불이라면 돈오면 그만이지 돈수란 말은 왜 해놓았겠는가?
또한 오후보림(悟後保任)이라는 말은 무슨 말인가.

금강경에는 네 가지 상(我相, 人相, 衆生相, 壽者相)만 여의면 곧 중생이 아니라는 말이 수없이 되풀이되고 있다.
그런데 제구 일상무상분(第九 一相無相分)을 볼 때 나툼이 없는(곧 모든 상을 여읜) 삼매인(三昧人) 가운데 제일인 아라한도 구경지가 아니니 보살도를 닦아 등각을 거쳐야 구경성불인 묘각지에 이른다는 사실을 알 수 있다.
또한, 제이십삼 정심행선분(第二十三 淨心行善分)을 보면 부처님께서 "아도 없고, 인도 없고, 중생도 없고, 수자도 없는 가운데 모든 선법(善法)을 닦아야 곧 아뇩다라삼먁삼보리를 얻는다."라고 말씀하시고 있으니 이것은 다름이 아니라 견성한 후에 견성을 한 지혜로써 항상 체성을 여의지 않고, 남은 업을 모두 닦아 본래 갖춘 지혜덕상을 원만하게 회복시켜야 구경성불할 수 있다는 말씀이다.

그렇다면 어째서 돈수일까?
'돈'이란 시공이 설 수 없는 찰나요, '수'란 시간과 공간 속에서 닦는 것이다.
단박에 마친다면 '돈'이면 그만이고, 견성 이전이든 이후든 닦음이 있다면 '수'라고만 할 것이지 어째서 돈과 수가 함께 할 수 있을까? 그야말로 물의 차고 더움은 그 물을 마셔본 자만이 알듯이 깨달은 사람만이 알 것이다.

사무쳐 깨닫고 보니 시공이 서지 않아 이러-히 닦아도 닦음이 없으니 네 가지 상이 없는 가운데 모든 선법을 닦는 것이요, 단박에 깨달으니 색공(色空)이 설 수 없어 이러-한 경지에서 닦음 없이 닦으니 네 가지 상이 없는 가운데 모든 선법을 닦는 것이다.
이와 같이 깨달아서 깨달은 바 없고, 닦아서는 닦은 바 없이 닦아, 남음이 없는 구경지인 성불에 이르는 과정을 돈오돈수라 한다.

견성하면 마음 이외의 다른 물건이 없는 경지인데 어떻게 닦음이 있을 수 있는가 하고 의심하는 분들이 많다. 그러나 견성했다 해도 헤아릴 수 없는 겁 동안에 길들여온 업으로 인하여 경계를 대하면 깨달아 사무친 바와 늘 일치하지는 못한다.

그래서 견성한 지혜로써 항상 체성을 여의지 않고 억겁에 익혀온 업을 제거하고 지혜 덕상을 원만하게 회복시켜야 구경성불할 수 있다.
이것이 앞에서 밝혔듯 금강경에서 부처님께서 하신 말씀이요, 돈오돈수를 주창한 당사자인 육조 대사님께서 하신 말씀이다.

육조단경 돈황본 이십칠 상대법편과 이십팔 참됨과 거짓을 보면 육조 대사님께서 당신의 설법언하에 대오하고도 슬하에서 3, 40년간 보림한 십대 제자들을 모아놓고 말씀하신다.
"내가 떠난 뒤에 너희들은 각각 일방의 지도자가 될 것이다. 그러므로 내가 너희들에게 설법하는 것을 가르쳐서 근본종지를 잃지 않도록 해주리라. 나오고 들어감에 곧 양변을 여의도록 하라."하시고 삼과(三科)의 법문과 삼십육대법(三十六對法)을 설하셨다.
뿐만 아니라 2, 3개월 후 다시 십대 제자들을 모아놓고 "8월이 되면 세상을 떠나고자 하니 너희들은 의심이 있거든 빨리 물어라. 내가 떠난 뒤에는 너희들을 가르쳐 줄 사람이 없다."하시며 진가동정게(眞假動靜偈)를 설하시고 외워 가져 수행하여 종지를 잃지 않도록 하라고 거듭 당부를 하시고 있다.
이것을 보아서도 이 사람이 말한 돈오돈수와 육조 대사께서 말씀하신 논오논수가 같나는 것을 알 수 있을 것이다.

다시 한 번 밝히자면 돈오란 자신의 체성을 단박에 깨닫는 것이요, 돈수란 깨달은 체성의 지혜로써 닦음 없이 닦는 것으로 이것이 곧 오후 보림이며, 수행자들이 퇴전하지 않고 구경성불할 수 있는 바른 수행의 길이다.

다음은 전등록 제 9권에서 추출한 것이다.

"돈오(頓悟)한 사람도 닦아야 합니까?"

"만일 참되게 깨달아 근본을 얻으면 그대가 스스로 알게 될 것이니 닦는다, 닦지 않는다 하는 것은 두 가지의 말일 뿐이다. 처음으로 발심한 사람들이 비록 인연에 따라 한 생각에 본래의 이치를 단박에 깨달았으나 아직도 비롯함이 없는 여러 겁의 습기(習氣)는 단박에 없어지지 않으므로, 그것을 깨끗이 하기 위하여 현재의 업과 의식의 흐름을 차츰차츰 없애야 하나니 이것이 닦는 것이다. 그것에 따로이 수행하게 하는 법이 있다고 말하지 마라.

들음으로 진리에 들고, 진리를 들고 묘함이 깊어지면 마음이 스스로 두렷이 밝아져서 미혹한 경지에 머무르지 않으리라. 비록 백천 가지 묘한 이치로써 당대를 휩쓴다 하여도 이는 자리에 앉아서 옷을 입었다가 다시 벗는 것으로써 살림을 삼는 것이니, 요약해서 말하면 실제 진리의 바탕에는 한 티끌도 받아들이지 않지만 만행을 닦는 부문에서는 한 법도 버리지 않느니라. 만일 깨달았다는 생각마저 단번에 자르면 범부니 성인이니 하는 생각이 다하여, 참되고 항상한 본체가 드러나 진리와 현실이 둘이 아니어서 여여한 부처이니라."

"무엇이 돈오(頓悟)이며, 무엇을 점수(漸修)라 합니까?"

"자기의 성품이 부처와 똑같다는 것은 단박에 깨달았으나 비롯함이 없는 옛적부터의 습관은 단박에 제거할 수 없으므로 차츰 물리쳐서 성품에 따라 작용을 일으켜야 하니, 마치 사람이 밥을 먹을 때에 첫술에 배가 부르지 않는 것과 같다."

간화선인가 묵조선인가

나에게 "당신의 지도는 간화입니까, 묵조입니까?"라고 묻는 이들이 있다. 나의 지도법에는 애당초부터 간화니 묵조니 하는 것이 없다. 가없는 성품 자체로 일상을 지어가라는 말이 바로 그것을 대변해주고 있다. 묵조선과 간화선이 나뉜 것은 육조 대사 이후여서 육조 대사 당시까지만 해도 묵조선이니, 간화선이니 하여 나누지 않았다. 나는 육조 대사 당시의 법을 그대로 펴고 있는 것이다.

묵조선과 간화선은 원래 종파가 아니다. 지도받는 이의 근기에 따라 지도한 방편일 뿐이다. 들뜬 생각과 분별망상에서 이끌어내기 위한 방편으로 지도한 것이 묵조선이다. 그렇게 이끌어서 깨달아 사무치면 깨달아 사무친 경지가 일상이 되게끔 다시 이끌어 주어야 하는 것이다.

달마 대사를 묵조선이라고 하는데 중국에 오기 전 달마 대사가 육파외도(六派外道)를 조복시키는 대목을 보면 달마 대사가 묵조선이 아니라는 것이 역력히 드러난다.

다만 황제가 법문을 할 정도였던 그 시대의 교리 위주의 이론불교를 근본불교에 이르게 하기 위한 방편으로 "밖으로 반연하여 일으키는 모든 생각을 쉬고 안으로 구하는 마음마저 쉬어라."라고 가르친 것이다. 간화선도 마찬가지여서 화두라는 용광로에 일체 분별망상을 녹여 없앰으로써 밖으로 반연하여 일으키는 모든 생각을 쉬고, 안으로 구하는 마음마저 쉬게 하여 깨닫게끔 한 것이다.

즉 화두를 들어도 이런 경지에 이르러야 깨달을 수 있는 것이다. 오롯이 끊어지지 않게 화두를 들어서 오직 이러한 경지에 이르러 있다가 어떤 경계에 문득 부딪힘으로써 깨닫게 된다. 결국에는 화두인 모든 공안도리 역시 사무쳐 깨닫게 하기 위한 방편이다.

그러므로 수기설법(隨機說法)하고 응병여약(應病與藥)해야 한다. 나 역시 제자가 이러한 경지에 사무쳐 깨닫게끔 하지만, 이미 사무친 연후에는 가없는 성품 자체에 머물러 있으려고만 하지 말고, 그 경지에서 응하여 모자람 없도록 지어나가야 한다고 지도한다.

묵조나 일행삼매(一行三昧), 어느 쪽도 모든 이에게 정해 놓고 일정하게 주어서는 바른 지도가 될 수 없는 것이다. 내가 앉아서 선화할 때에는 오직 심외무물의 경지만 오롯하게끔 지으라고 지도하는 것은 어떻게 보면 묵조선이다. 그것이 가장 빨리 업을 녹이는 방법이기 때문에 그렇게 지도하는 것이다.

그러나 활동할 때는 가없는 성품 자체로 일상을 지어 가라고 지도했으니 이것은 곧 일행삼매에 이르도록 지도한 것이다. 안팎 없는 경지를 여의지 않는 것이 삼매이니, 일상생활 속에서 여의지 않는 가운데 보고 듣고, 보고 듣되 여의지 않는 그것이 일행삼매이다.

그렇다면 나는 한 사람에게 묵조선과 일행삼매를 다 가르치고 있는 것이 된다. 묵조선이라고 했지만 앉아서는 생사해탈을 위한 멸진정을 익히도록 하고, 그 외에는 다 일행삼매를 짓도록 지도하고 있는 것이어서 한편으로 멸진정을 익히는 가운데 조사선을 짓고 있는 것이다.

　어떠한 약도 쓰이는 곳에 따라 좋은 약이 되기도 하고 사약이 되기도 한다. 스승이 진정 자유자재해서 제자가 머물러 있는 부분을 틔워주는 지도를 할 때 그것이 약이 되는 것이다.
　그러므로 '나는 간화선만을 가르친다.' 그렇게 지도해서는 안 된다. 부처님께서도 수기설법하라 하셨다. 병을 치료해 주는 것이 약이듯 그 기틀에 맞게끔 설해 주는 것이 참 법이다.
　무유정법(無有定法)이라 하지 않았는가. 그 사람의 바탕과 익힌 업력과 현재의 경지 등 모든 것을 참작해서 거기에 알맞게 베풀어 주어야 한다.
　부처님의 경을 마가 설하면 마설이 되고, 마경을 부처님께서 설하시면 진리의 경전이 된다는 것도 바로 이런 데에서 하신 말씀이다.

　어느 한 종에만 편승하면 안 된다. 우리는 이 속에 오종칠가(五宗七家)의 법을 다 수용해야 된다. 어느 한 법도 버릴 수 없다. 모든 근기에 알맞도록 설해 주고 이끌어 줄 수 있어야 하기 때문이다.
　그래서 다만 응하여 모자람이 없이 병에 의하여 약을 줄 뿐, 정해진 법이 없어서 어느 한 법도 따로 취함이 없어야 하는 것이다.

　육조 대사께 행창이 찾아와 부처님 열반경 중에서 유상(有常)과 무상(無常)을 가지고 물었을 때 행창이 무상이라 하면 육조 대사는 유상이라 하고, 행창이 유상이라 하면 육조 대사는 무상이라 했다. 왜냐하면 원래부터 무상이니 유상이니가 있을 수 없어서, 부처님께서는 다만 유상이라는 집착을 벗어나게 하기 위해 무상을 말씀하시고, 무상이라는 집착을 벗어나게 하기 위해 유상을 말씀하셨을 뿐이거늘, 행창은 열반경의 이 말씀에 묶여 있었기 때문이다.

　육조 대사가 이러한 이치에 대해서 설하자 행창이 곧 깨닫고 오도송을 지어 바쳤다.

　이렇게 수기설법할 때 불법이다. 수기설법하지 못하면 임제종보다 더한 것이라 해도 불법일 수 없다.

　각각 사람의 근기가 다른데 어떻게 천편일률적인 방법으로 똑같이 교화할 수 있겠는가.

조계종을 육조정맥종이라고 이름한 이유

불법이 석가모니 부처님으로부터 28대 달마 대사에 이르러 동토에 전해지고 다시 33조인 육조 대사에 의해 가장 활발하고 왕성한 황금시대를 이루었다. 그래서 우리나라의 정통 불교 종단에 조계종이라는 이름이 붙여진 것이다. 육조 대사께서 생전에 조계산에 주하셨고, 대부분의 선사들의 호로 계신 곳의 지명이나 산 이름으로 쓰였기 때문이다.

그러므로 조계종의 조계란 육조 대사를 의미하고, 조계종이란 결국 육조 대사의 법을 의미하며 조계종단은 육조 대사의 법을 받아 이어가는 종단이다.

그러나 조계는 육조 대사께서 정식으로 스승에게 받은 호가 아니다. 호는 당호라고도 하는데, 대부분 스승이 제자를 인가하며 주는 것이다. 종사와 법을 거량하여 종사로부터 인가를 받고 입실건당의 진법식을 할 때에 당호와 가사, 장삼, 전법게 등을 받는다. 이때, 위에서 말하였듯 주로 그가 살고 있는 절 이름, 또는 지명, 그가 거처하던 집 등의 이름을 취하여 호로 삼는 경우가 많다. 그런데 육조 대사께서 조계산에 주하시기는 하였으나 스승인 오조 홍인 대사는 육조 대사에게 조계라는 호를 내린 적이 없다. 또 육조 대사 역시 생전에 조계라는 호를 쓴 적이 없다.

　대부분의 사전에 육조 대사를 조계 대사라고도 한다고 되어 있는데, 이것은 후대인들이 지어 부른 것이다. 만약 '조계'를 육조 대사를 지칭하는 공식적인 명칭으로 쓴다면 이것은 후대인들이 선대의 대선사의 호를 지어 부르는 격이 되니 참으로 예에 맞지 않다고 할 것이다.

　이러한 이유에서 조계종이라는 이름이 불교종단의 정식이름으로 적합하지 않다고 보았고, 또한 육조 대사의 법을 이어받아 바르게 펴는 곳이라는 의미를 담기에 가장 적당하여 육조정맥종이라 이름하였을 뿐, 수덕사 문중 전강 선사님의 인가를 받아 석가모니 부처님으로부터 근대의 대선지식인 경허, 만공, 전강 선사로 이어진 법맥을 이은 이로서 따로이 새로운 종단을 설립한 것이 아니다. 그렇기에 출가함에 있어서 불필요한 논쟁의 소지를 없애기 위해 육조정맥종이라고 이름한 이유와 스스로 한 번도 결제, 해제, 연두법어를 내리지 않았던 까닭이 따로 새로운 종단을 설립한 것이 아니었기 때문이라는 것을 밝히는 바이다.

오후보림

설사 깨달음을 성취했다 해도 그것은 공부의 끝이 아니다. 오후보림을 통해 업을 다해야만 육신통을 자재할 수 있게 되는 것이다. 일상에 육신통을 자재하는 구경본분의 경지일 때 비로소 공부를 마쳤다 할 것이다.

 상즉

　모든 불성이 근본에 있어서 하나인 양 나뉨이 없는 것을 상즉이라 한다.
　안팎이 없는 체성에 사무친 이 가운데 어떻게 가없는 이 가운데에서 내 불성, 네 불성이 있느냐고 하는 이가 있다. 이 선실에 수없는 연등불이 켜져 있는데 방 안에서 각각의 불빛을 가려낼 수는 없다. 그러나 한 등 끄면 끈 만큼, 켜면 켠 만큼 어두워지고 밝아진다. 이것이 각각의 등불빛을 가려낼 수는 없으나 제구실은 제각기 하고 있다는 증거이다. 이 방의 여러분들도 이와 같이 각각 심외무물의 경지에 사무쳐 변만해 있으나 서로간에 걸리고 장애됨이 없는 가운데 상즉해 있다.

　우리의 불성은 등불과도 또 다르다. 등은 매달린 자리라도 따로 있지만 체성은 있는 자리도 따로 없이, 각각 제 구실을 제각기 하되 서로 걸림 없이 자유자재하다. 이것을 일러 불가사의한 묘유(妙有)의 세계라 하는 것이다. 여러분이 이 법문을 들으면서 수용하고 생각하는 것이 각각 서로 다른 가운데, 모두 안팎 없는 경지에 사무쳐 있지 않은가. 또한 그 가운데 걸림이 없지 않은가.

희비송(喜悲頌)

이름도 없고 상도 없는 일 없는 사람이
태평의 노래를 흥에 취해 불렀더니
때도 없고 끝도 없는 구제의 일이
대천세계에 충만히 펼쳐졌네

無名無相無事人
太平之歌唱興醉
無時無端救濟事
大千世界布充滿

정신송(正信頌)

이름도 없고 상도 없는 이 바탕인 몸이여
이 바탕을 깨달은 믿음이라야 이 바른 믿음이라
이와 같은 믿음이 없이는 마음이 나라 말라
눈 광명이 땅에 떨어질 때 한이 만단이나 되리라

無名無相是地體
悟地之信是正信
若無是信莫心我
眼光落地恨萬端

진심송(眞心頌)

이름도 없고 상도 없는 이 진공이여
공이라는 공은 공이라 함마저도 없는 이 참 바탕이라
이와 같은 바탕이라야 이 공인 몸이니
이와 같은 몸이 아니면 참다운 마음이 아니니라

無名無相是眞空
空空無空是眞地
如是之地是空體
如是非體非眞心

업신송(業身頌)

업의 몸이란 것은 고통의 근본이요
업의 마음이란 것은 환란의 근본이니라
업의 행이란 것은 다툼의 근본이요
업의 일이란 것은 허망의 근본이니라

業身乃苦痛之本
業心乃患亂之本
業行乃鬪爭之本
業事乃虛妄之本

보림송(保任頌) 1

업의 몸을 다스리는 데는 계행이 최상이요
업의 마음을 다스리는 데는 인내가 최상이니라
계행과 인내로 잘 다스리면 보림이 순조롭고
보림이 잘 이루어지면 구경에 이르느니라

治業身之戒最上
治業心之忍最上
善治戒忍順保任
善成保任至究竟

보림송(保任頌) 2

육신의 욕망은 하나까지라도 모두 버려야 하고
육신을 향한 생각은 남음이 없이 버려야 하느니라
이와 같이 보림하면 업이 중한 사람일지라도
당생에 반드시 구경지를 성취하리라

肉身欲望捨都一
肉身向思捨無餘
如是保任重業人
當生必成究竟地

공성본질송(空性本質頌) 1

무극인 빈 성품의 본래 몸은
언어나 마음과 행위로 표현 못 하나
모든 부처님과 만물이 이로 좇아 생겼으며
궁극에 일체가 돌아가 의지할 곳이니라

無極空性之本體
言語道斷滅心行
諸佛萬物從此生
窮極一切歸依處

공성본질송(空性本質頌) 2

혼연한 빈 바탕을 이름해서 무아라 하고
무아의 다른 이름이 이 무극이니라
유정 무정이 이로 좇아 생겼으며
궁극에 일체가 돌아가 의지할 곳이니라

渾然空地名無我
無我異名是無極
有情無情從此生
窮極一切歸依處

공성본질송(空性本質頌) 3

이러-히 밝게 사무친 것을 이름해서 견성이라 하고
이 바탕에 밝게 사무쳐야 바르게 깨달은 사람이니
도를 닦는 사람은 반드시 명심해서
각자 관조하여 그릇 깨달음이 없어야 하느니라

如是明徹名見性
是地明徹正悟人
修道之人必銘心
各者觀照無非悟

명정오송(明正悟頌)

밝지도 어둡지도 않은 곳을 향해서
그윽한 본래의 바탕에 합하여야
이것을 진실한 깨달음이라 하는 것이니
그렇지 않다면 바른 깨달음이 아니니라

向不明暗處
冥合本來地
此是眞實悟
不然非正悟

무아송(無我頌)

중생들이 말하는 무아라는 것은
변하고 달라지는 나를 말하는 것이요
깨달은 사람의 무아는
변하지 않는 나를 말하는 것이다

衆生之無我
變異之言我
悟人之無我
不變之言我

태시송(太始頌)

탐착한 묘한 광명에 합한 것이 상을 이루었고
상에 집착하여 사는데서 익힌 것이 모든 업을 이루었다
업을 인해서 만반상이 생겨 나왔으며
만상으로 해서 만반법이 생겨 나왔다

貪着妙光合成相
執相生習成諸業
因業生出萬般象
萬象生出萬般法

21세기에 인류가 해야 할 일

　이 사람은 1962년 26세 때부터 21세기에 인류에게 닥칠 공해문제, 에너지문제를 예견하고 대체에너지(무한원동기, 태양력, 파력, 풍력 등) 개발과 '울 안의 농법'을 연구하고 그 필요성을 많은 이들에게 이야기해 왔습니다.
　당시에는 너무 시대를 앞서가는 이야기여서인지 일반인들이 수용하지 못하고 오히려 불신의 눈으로 바라보며 이 사람의 법마저 의심하였습니다. 하지만 현대에 있어서는 이것이 인류가 해결해야 할 가장 절박한 사안이 되어 있습니다.
　'사막화방지 국제연대'를 설립한 것도 현재 인류가 해결해야 할 가장 절박한 지구환경문제를 이슈화시키고 그 해결책을 제시하여 재앙에 직면한 지구촌을 살리기 위해서입니다.
　'사막화방지 국제연대'에서 추진하고 있는 사막화 방지, 지구 초원

화, 대체에너지 개발은 온 인류가 발 벗고 나서서 해야 할 일입니다.

첫 번째 사막화 방지에 있어서 기존에 해왔던 '나무심기 사업'은 천문학적인 예산과 많은 인력을 동원하고도 극도로 황폐한 사막화된 환경을 되살리는 데 실패하였습니다.

그래서 이 사람은 사막화 방지에 있어서는 '사막 해수로 사업'을 새로운 방안으로 제시하였습니다.

사막 해수로 사업은 사막화된 지역에 수도관을 매설하여 바닷물을 끌어들여서 염분에 강한 식물을 중심으로 자연생태계를 복원하는 사업입니다.

이것은 나무심기 사업으로 심은 나무들이 절대적으로 물이 부족하여 생존할 수 없었던 문제를 해결할 수 있는, 현재로서는 유일한 해결책입니다.

그러나 '사막화방지 국제연대'의 목적은 사막이 확장되는 것을 방지하자는 것이지 사막 전체를 완전히 없애자는 것은 아닙니다. 인체에서 심장이 모든 피를 전신의 구석구석까지 골고루 보내어 살아서 활동하게 하듯이 사막은 오히려 지구의 심장 역할을 하는 중요한 곳이기 때문입니다.

그래서 21세기에 있어서는 다만 사막의 확장을 방지할 뿐 아니라 사막을 어떻게 운용하느냐를 연구해야 합니다.

사막에 바둑판처럼 사방이 막힌 플륨관 수로를 설치하여 동, 서, 남, 북 어느 방향의 수로를 얼마만큼 채우느냐 비우느냐에 따라, 사막으로부터 사방 어느 방향으로든 거리까지 조절하여, 원하는 지역에 비를 내리게 하고 그치게 할 수 있습니다. 철저히 과학적인 데이터에 의해 이렇게 사막을 운용함으로써 21세기의 지구를 풍요로운 낙원시대로 만들어가야 합니다.

두 번째로 지구를 초원화할 수 있는 방안으로 3년간의 실험을 통해, 광활한 황무지 지역을 큰 비용을 들이거나 많은 인력을 동원하지 않고도 짧은 시간 내에 초지로 바꿀 수 있는 식물을 찾아냈습니다.

그것은 바로 '돌나물'입니다. 돌나물은 따로 종자를 심을 필요가 없이 헬리콥터나 비행기로 살포해도 생존, 번식할 수 있으며, 추위와 더위, 황폐한 땅에서도 살아남을 수 있는 생명력과 번식력이 강한 식물입니다.

지구환경을 되살리는 초지조성 사업에 있어서 이것이 큰 도움이 되리라 생각합니다.

세 번째의 대체에너지 개발에 있어서는 태양력, 파력, 풍력 등 1962년도부터 이 사람이 연구하고 얘기해왔던 방법들이 이미 많이 개발되어 실용화한 단계에 있습니다.

이 세 가지 일은 한 개인이나 한 국가가 할 수 있는 일이 아닙니다. 모든 국가가 앞장서서 전세계적인 사업으로 이루어져야 합니다. 모든 국가가 함께 하는 기금조성이 이루어져야 하고 기금조성에 참여한 국가는 이 시스템에 의한 전면적인 혜택을 입을 수 있도록 해야 합니다.

인류 모두가 지혜를 모아 이 일에 전력을 다한다면 인류는 유사 이래 가장 좋은 시절을 맞이하게 될 것이며, 만약 이 일을 남의 일인 양 외면한다면 극한의 재앙을 면할 수 없을 것입니다.

이 사람이 오래 전부터 얘기해왔던 '울 안의 농법'은 이미 미국 라스베이거스(Las Vegas)에서 30층짜리 '고층 빌딩 농장'으로 구현되었습니다. 그렇게 크게도 운영될 수 있지만 각자 자신의 집에서 이루어지는 '울 안의 농법'도 필요합니다.

21세기에 있어서 또 하나 인류가 만일의 사태를 대비해서 연구, 추진해야 될 일이 있다면 바닷속에서의 수중생활, 수중경작입니다.

지구 온난화가 심화될 경우, 공기가 너무 많이 오염될 경우, 바닷물이 높아져 살 땅이 좁아질 경우 등에 대비할 때, 인류는 우주에서의 삶보다는 바닷속에서의 삶을 준비해야 합니다. 왜냐하면 그것이 훨씬 수월하고 비용도 절감할 수 있기 때문입니다.

이렇게 깨달은 이는 이변적으로는 깨달음을 얻게 하여 영생불멸의 삶을 영위할 수 있도록 만인을 이끌어야 하며 사변적으로는 일반인이 예측할 수 없는 백 년, 천 년 앞을 내다보아 이를 미리 앞서 대비하도록 만인의 삶을 이끌어줘야 한다고 생각합니다.

불법의 뜻은 다만 진리 전수에만 있는 것이 아니니, 만인이 서로 함께 영원한 극락을 누릴 때까지 물심양면으로, 이사일여로 베풀어 교화해야 하기 때문입니다.

가슴으로 부르는 불심의 노래

　여기에 실린 가사는 모두 농선 대원 선사님께서 직접 작사하신 것이다. 수행의 길로 들어서게끔 신심, 발심을 북돋아주는 가사로부터 수행의 길로 접어든 이의 구도의 몸부림이 담겨있는 가사, 대승의 원력을 발해서 교화하는 보살의 자비심과 함께 낙원세계를 누리는 풍류를 그려놓은 가사까지 한마디, 한마디가 생생하여 그 뜻이 뼛속 깊이 새겨지고 그 멋에 흠뻑 취하게 된다. 농선 대원 선사님께서는 거칠고 말초적인 요즘의 노래를 듣고 이러한 정서를 순화시키고자, 또한 수행의 마음을 진작시키고자 하는 뜻에서 이 가사들을 쓰셨다.

 그래야지

1.
마음으로 물질로써
갖가지로 베푸는 것
생활화한 국민되어
이뤄내는 국가되세
그래야지 그래야지
얼씨구나 좀 더 좋다

그런 이웃 그런 나라
이뤄내서 사노라면
모든 나라 따르리니
그리되면 지상낙원
그래야지 그래야지
얼씨구나 좀 더 좋다

별중의 별 될 것이니
선조의 뜻 이룸이라
후손으로 할 일 해낸
자부심이 치솟누나
그래야지 그래야지
얼씨구나 좀 더 좋다

얼씨구야 절씨구야
좀 더 좋고 좀 더 좋다
얼씨구야 절씨구야
좀 더 좋고 좀 더 좋다

아리랑 아리랑 아라리요
아리랑 고개를 넘어간다

2.
그래야지 그래야지
혼자 삶이 아닌 세상
웬만하면 넘어가는
아량으로 살아가세
그래야지 그래야지
얼씨구나 좀 더 좋다

부딪히면 틀어져서
소통의 길 막히나니
그러므로 눈 감아줘
참는 것이 상책일세
그래야지 그래야지
얼씨구나 좀 더 좋다

걸린 생각 비워내서
한결같이 사노라면
복이되어 돌아옴을
실감할 날 있을 걸세
그래야지 그래야지
좀 더 좋고 좀 더 좋다

얼씨구야 절씨구야
좀 더 좋고 좀 더 좋다
얼씨구야 절씨구야
좀 더 좋고 좀 더 좋다

아리랑 아리랑 아라리요
아리랑 고개를 넘어간다

 마음

1.
시작도 없는 마음
끝남도 없는 마음

온통으로 드러나
언제나 같이 있어

어떤 것도 가릴 수
전혀 없는 그 마음

고고하고 당당한
영원한 마음일세

아리랑 아리랑 아라리요
아리랑 고개를 넘어간다
청천 하늘에 잔별도 많고
요내 가슴에는 희망도 많다

2.
모두를 마음으로
시도를 뭐든 해봐

안되는 일 없어서
사는 데 불편없고

하고프면 하면 돼
뜻 펼치는 삶이니

즐겁고도 즐거운
누리는 삶이로세

아리랑 아리랑 아라리요
아리랑 고개를 넘어간다
청천 하늘에 잔별도 많고
요내 가슴에는 희망도 많다

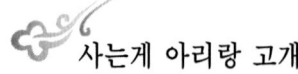 **사는게 아리랑 고개**

1.
이 마음이 내가 되니
나고 죽음 본래 없고
이리 보고 저리 봐도
허공까지 내 몸일세
신기하고 신기하다
신기하고 신기해

이 마음이 내가 되니
안 되는 일 전혀 없어
잡된 생각 사라지고
두려움도 없어졌네
신기하고 신기하다
신기하고 신기해

이 마음이 내가 되니
끝이 없이 자유롭고
잠 못 이룬 괴로움과
공황장애 흔적 없네
신기하고 신기하다
신기하고 신기해

아리랑 아리랑
아라리요
아리랑 고개를 넘어왔다

2.
이 마음이 내가 되니
맘 먹은 일 순조롭고
살아가는 나날들이
마음광명 누림일세
신기하고 신기하다
신기하고 신기해

이 마음이 내가 되니
마음광명 누림이라
나날들이 평화롭고
자신감이 넘쳐나네
신기하고 신기하다
신기하고 신기해

이 마음이 내가 되니
대인관계 순조로와
일일마다 즐거웁고
웃음꽃이 피어나네
신기하고 신기하다
신기하고 신기해

아리랑 아리랑
아라리요
아리랑 고개를 넘어왔다

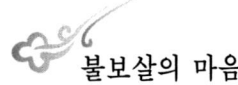 **불보살의 마음**

1.
자비, 그 자비는 눈물이었네
불나방이 불을 쫓듯 가는 이
그래도 못 잊어서 버리지 못해
저리는 저리는 가슴, 그 가슴 안고서
눈물, 피눈물로 저리 부르네

2.
자비, 그 자비는 눈물이었네
제 살 길을 저버리는 이들을
그래도 못 잊어서 버리지 못해
저리는 저리는 가슴, 그 가슴 안고서
눈물, 피눈물로 저리 부르네

 **나의 노래**

1.
노세 노세 봄놀이하세
대천세계 이 봄 경치
한산 습득 친구 삼아
호연지기 즐겨볼까
얼씨구나 절씨구
아니나 즐기고 무엇하리

2.
노세 노세 봄놀이하세
걸음 쫓아 이른 곳곳
문수 보현 벗을 삼아
화엄광장 춤춰볼까
얼씨구나 절씨구
아니나 즐기고 무엇하리

 평화로운 삶

1.
이 몸을 나로 아는
하나의 실수로서
우주가 생긴 이래

얼마나 많은 고통
겪어들 왔었던가
치떨린 일이로세

뭘 해야 그 반복을
금생에 끊어버려
그 고통 벗어날까

생각코 생각하니
그 해결 내게 있네
마음이 나 된걸세

아리랑 아리랑 아라리요
아리랑 고개를 넘어간다
청천 하늘엔 잔별도 많고
이내 가슴엔 희망도 많다

2.
마음이 내가 되면
그 어떤 것이라도
더 이상 필요찮고

마음이 내가 되면
미묘한 갖은 공덕
스스로 갖춰 있고

마음이 내가 되면
그 모든 근심 걱정
씻은 듯 사라지고

마음이 내가 되면
이 생과 저 세상이
당초에 없는 걸세

아리랑 아리랑 아라리요
아리랑 고개를 넘어간다
청천 하늘엔 잔별도 많고
이내 가슴엔 희망도 많다

3.
마음이 내가 되면
어제와 내일 일을
눈 앞 일 알 듯하고

마음이 내가 되면
신분이 관계 없이
서로가 평등하며

마음이 내가 되면
모든 일 뜻을 따라
원만히 이뤄지고

마음이 내가 되면
걸림이 없는 그 삶
저절로 이뤄지네

아리랑 아리랑 아라리요
아리랑 고개를 넘어간다
청천 하늘엔 잔별도 많고
이내 가슴엔 희망도 많다

 그리운 님

환갑 진갑 다 지난 삶 살다보니
석양 노을 바라보다 텅 빈 가슴
외로움에 철이 드나 생각나는
님이시여 이 몸마저 자유롭지
못한 괴롬 닥쳐서야 님의 말씀
들려오는 철없던 삶 후회하며
외쳐 찾는 님이시여 지는 해를
붙들고서 맘이 나된 삶으로써
나고 죽는 모든 고통 없는 삶을
누리라는 그 말씀이 빛이 되어
외쳐지는 님이시여 이제라도
실천 실행 하오리다 이끌어만
주옵소서 님이시여 내 님이여

잘 사는 게 불법일세

1.
잘 사는 게 불법일세
우리 모두 관음보살 지장보살 생활 속에 모시면서
마음 비운 나날들로 바른 삶을 하노라면
불보살님 가피 속에 뜻 이뤄서 꽃을 피운
그런 날이 있을 걸세

2.
잘 사는 게 불법일세
우리 모두 관음보살 지장보살 생활 속에 모시면서
마음 비워 살아가며 시시때때 잊지 않고
참나 찾아 참구하는 그 정성도 함께하면
좋은 소식 있을 걸세

3.
잘 사는 게 불법일세
우리 모두 관음보살 지장보살 생활 속에 모시면서
틈틈으로 회광반조 사색으로 참나 깨쳐
화장세계 장엄하고 얼쉬얼쉬 어울리며
영원토록 웃고 사세

 님은 아시리

1부

1.
사계절의 풍광인들 위로되겠니
서사시의 음률인들 쉬어지겠니
뜻과 같이 되지 않아 기도에 젖은
이 마음 님은 아시리
한 세상 열정 쏟아 닦는 수행길
불보살님 출현하셔 베푼 자비에
모든 망상 모든 번뇌 없었으면 좋으련만
마음대로 안 되는 게 수행이더라, 수행이더라

2.
사계절의 풍광인들 위로되겠니
서사시의 음률인들 쉬어지겠니
뜻과 같이 되지 않아 기도에 젖은
이 마음 님은 아시리
청춘의 모든 욕망 사뤄버리고
회광반조 촌각 아낀 열정 쏟아서
이룬 선정 그 효력이 있었으면 좋으련만
마음대로 안 되는 게 보림이더라, 보림이더라

3.
사계절의 풍광인들 위로되겠니
서사시의 음률인들 쉬어지겠니
뜻과 같이 되지 않아 기도에 젖은
이 마음 님은 아시리
억겁의 모든 습성 꺾어보려고
갖은 노력 갖은 인내 온통 쏟아서
세월 잊은 보림 성취 있었으면 좋으련만
마음대로 안 되는 게 성불이더라, 성불이더라

2 부

1.
사계절의 풍광인들 비유되겠니
가릉빈가 음률인들 비교되겠니
뜻과 같이 자유자재 베풀어놓고
한없이 즐기시련만
그러한 대자유의 삶을 접고서
중생들을 구제하려 삼도에 출현
갖은 역경 어려움을 감내하는 자비로써
깨워주는 그 진리에 눈을 뜨거라, 눈을 뜨거라

2.
사계절의 풍광인들 비유되겠니
가릉빈가 음률인들 비교되겠니
뜻과 같이 자유자재 베풀어놓고
한없이 즐기시련만
억겁을 다하여도 끝이 없을 걸
알면서도 해내겠다 나선 님의 길
가시밭길 험난해도 일관하신 그 자비에
구류중생 깨달아서 정토 이루리, 정토 이루리

3.
사계절의 풍광인들 비유되겠니
가릉빈가 음률인들 비교되겠니
뜻과 같이 자유자재 베풀어놓고
한없이 즐기시련만
낙원의 모든 즐김 떨쳐버리고
십익도를 닉원으로 이뤄놓겠다
촌각 아낀 그 열정에 모두 모두 감화되어
이 땅 위에 님의 소원 이뤄지리라, 이뤄지리라

선 승

토함산 소나무 위에
달빛도 조는데
단잠을 잊은 채
장승처럼 앉아있는
깊은 밤 선승의
그윽한 눈빛
고요마저 서지
못한 선정이라
대천도 흔적 없고
허공계도 머물 수 없는
수정 같은 광명이여,
화엄의 세계로세

우리 모두

우리 모두 만난 인생 즐겁게 살자
부딪치는 세상만사 웃으며 하자
인연으로 어우러진 세상사이니
풀어가는 삶이어야 하지 않겠니

몸종 노릇 하는 사이 맘 챙겨 살자
맑고 맑은 가을 허공 그렇게 비워
명상으로 정신세계 사무쳐보자
언젠가는 깨쳐 웃는 그날이 오리

한산 습득 껄껄 웃는 그러한 웃음
웃어가며 모든 일을 대하는 날로
활짝 펼쳐 어우러진 그러한 삶을
우리 모두 발원하며 즐겁게 살자

 마음이 나로세

본래 마음이 나이건만
몸이 내가 된 삶이 되어
갖은 고통이 따랐다네
이리 쉽고도 쉬운 일을
어찌 등 돌린 삶으로서
고통 속에서 헤매는고

맘이 내가 된 삶으로서
갖은 고통이 없는 삶을
우리 누리고 살아보세
마음 수행을 모두 하여
나고 죽음이 없음으로
태평 세월을 누려보세

 거룩한 만남

불법을 만난 건 행운 중 행운이고 내 생의 정점일세
거룩한 이 법을 만나는 사람이면 서로가 권하고 권을 하여
함께 하는 일상의 수행이 되어서 다 같이 누리는 낙원 이뤄
고통과 생사는 오간 데 없고 웃음과 평온만 넘치고 넘쳐
길이길이 끝이 없는 복락 누리세

여래의 큰 은혜 순간인들 잊으랴 수행해 크게 깨쳐
구제를 다함만 큰 은혜 갚음이니 노력과 실천 다해
우리 모두 씩씩한 낙원의 역군이 되어 봉화적인 이생의 삶으로써
최선을 다하여 부끄럼 없는 대장부로, 은혜 갚는 장부로
길이길이 끝이 없는 복락 누리세

 사람다운 삶

1.
사람이 사람다운 사람이 되려면
명상으로 비우고 비워서
고요의 극치에 이르러
자신을 발견한 슬기로써
마음을 다스리는 연마 후에
그 능력으로 모두가 살아가야
평화로운 세상이 활짝 열려
모두 함께 누릴 걸세

2.
서로가 다툼 없이 서로를 아껴서
마음으로 베풀고 베푸는
사회로 이루어 간다면
낙원이 멀리만 있는 것이 아니라
살고 있는 이대로가 낙원이란 걸
모두가 실감하는
우리들의 세상이 활짝 열려
모두 함께 누릴 걸세

 사는 목적

우리 모두 행복을 찾아 영원을 찾아
내면 향해 비춰보는 명상으로
앉으나 서나 일을 하나 최선을 다하세
하루의 해가 서산을 붉게 물들이고
합장 기도하여 또 다짐과 맹서의 말
뜻 이루어 이 세상의 빛이 돼서
구류를 생사 고해에서 구제하는 사람으로
영원히 영원히 살 것입니다

 즐거운 마음

1.
우리 모두 선택받은 제자 되어
즐거운 맘 하나 되어 축하합니다
그 무엇을 이룬들 이리 좋으며
황금보석 선물인들 이만하리까
부처님의 가르침만 따르오리다
실천하리라 실천하리라

2.
부처님의 뒤 이을 걸 맹세하며
다짐으로 즐기는 맘 가득합니다
당당하게 행보하는 구세의 역군
혼신 다해 낙원 이룬 이 세계에서
함께 사는 즐거움을 생각하며
노래합니다 노래합니다

 닮으렵니다

관세음보살 관세음보살
지극한 마음으로 닮으려고
오늘도 노력하며 주어진 일을 하면
하루가 훌쩍 가는 줄도 모른다오
관세음 관세음보살
님께서 베푸는 그 넓은 사랑을
이 맘 속에 기르고 길러서
실천하는 그런 장부 되어서
큰 은혜 갚을 겁니다

 바른 삶 1

우리 삶을 두고서 허무하다 누가 말했나
본래 마음이 나 아닌가
그 마음 나를 삼아 살면 되지
지금도 늦지 않네 우리 모두
오늘부터 모두들 마음으로 나를 삼아
길이길이 웃고들 사세

 바른 삶 2

1.
어디어디 어디라 해도
마음 찾아 바로만 살면
그곳 바로 극락이라네
세상분들 귀담아듣고
사람 몸을 가졌을 때에
모든 고비 극복해내서
참선으로 참나를 깨쳐
걸림 없는 해탈의 세상
누려보세 누려들 보세

2.
어두운 곳 태양이 뜨듯
중생계에 불타 출현해
바른 삶으로 인도하셔
복된 날을 기약케 하니
아니아니 좋고 좋은가
이 몸 주인 통쾌히 깨쳐
억겁 업을 말끔히 씻고
걸림 없는 해탈의 세상
누려보세 누려들 보세

 ## 수행과 깨침

1.
그릴 수도 없는 마음, 만질 수도 없는 마음
찾으려는 수행이라 모든 것을 다 버리고
모든 생각 비우기를 몇천 번이었던가
머리 터져 피 흘려도 멈출 수가 없는 공부
이 공부가 아니던가

2.
놓지 못해 우두커니 장승처럼 뭐꼬 하고 앉았는데
앞뒤 없어 몸마저도 공해버린 여기에서 이러-한 채
시간 간 줄 모른 채로 눈을 감고 얼마간을 지나던 중
한 때 홀연 큰 웃음에 화장계일세

 ## 걱정 말라

1.
걱정 말라 걱정을 말라 불보살님 말씀대로만 행한다면
안 풀리는 일 없다 하지 않았던가
육근으로 보시를 하며 웃고 살자 웃고들 살자
백년 미만 우리네 인생, 세상 만사 마음먹기 달렸다고
일러주시지 않았던가 걱정을 말라

2.
이리 봐도 저리를 봐도 모두모두 내 살림일세
간섭할 수 없는 내 살림 아니아니 그러한가
이리 펼치고 저리 펼쳐 육문으로 지은 복덕
베푸는 맛이 아니 좋은가 우리 사는 지구인 별 함께 가꿔
낙원으로 만늘어서 살아늘 보세

정한 일일세

우리네 삶이란 것
풀끝 이슬 아니던가
서로서로 위로하고 아끼면서
우리 모두 착한 삶이
이어져 가노라면
언젠가는 행복한
그날이 우리에게
찾아오는 것 정한 일일세
찾아오는 것 정한 일일세

여기가 낙원

참나 찾아 영원을 향해
한눈 안 팔고 노력하고
가정 위해 사회를 위해
뛰고 뛰고 혼신을 다한
나의 노력 결실이 되어
일상에서 누리는 나날
선 자리가 낙원이 되니
초목들도 어깨 춤추고
산새들도 축하를 하네

 따르렵니다

1.
우리 모두 합장 공경 하옵니다
크고 작은 근심 걱정 씻어주려
우릴 찾아 오셨으니 감사합니다 고맙습니다

2.
우리 모두 손에 손을 맞잡고서
즐거웁게 노래하고 춤을 추며
우리에게 오신 님을 경하합니다 축하합니다

3.
우리들의 깊은 잠을 깨워주셔
영생불멸 낙원의 삶 누리게끔
해주시려 오신 님을 공경합니다 따르렵니다

 옛 고향

고향 옛 고향이 그리워 거니는 산책에
고요한 달빛 휘영청 밝고 밤새는
그 무슨 생각에 저리 부르는 노래인데
숲 타고 온 석종소리에 열리는 옛 내 고향
그리도 캄캄하던 생각들은 흔적도 없고
고요한 마음 옛 고향 털끝만큼도
가리운 것이란 없었는데
어찌해 그 무엇에 어두웠던고 고향길 옛 내 고향
나는 따르리라 끝없는 일이라 하여도
님 하신 구제 고난과 역경
그 어떤 어려움 닥쳐노
님 하시는 일이라면 멈추는 일 없을 것일세
이것만이 보은이라네 보은이라네

 지장보살

지장보살 두 눈의 흐르는 눈물
마르실 날 언제일까 생각하고 또 생각해도
이 세상의 사람들이 멀어지게만 하고 있네요
보살님 어찌해야 하오리까
반야의 실천으로 최선 다해 돕는다면
안 되는 일 있으리까
대원본존 지장보살 나무 지장보살
얼씨구나 절씨구나 한 판 놀음 덩실덩실 살아들 보세

 곰탱이

곰탱이 곰탱이 미련 곰탱이
세상 사람 요구 따라 다 들어준
사람더러 곰탱이라네
요구 따라 따지지 않고
들어주기 바쁜 이를 놀려대며 하는 말
곰탱이 곰탱이 미련 곰탱아
그리 살다간 끝내는 빌어먹을 쪽박마저
없겠구나 미련 곰탱아
그래도 덩실덩실 추는 춤을
보며 깔깔 웃는 사람들아
웃는 자신 모르니 서글퍼 내 하는 말
한 판의 꿈속이라 천금만금 쓸데없네
깔깔 웃는 그 실체를 자신 삼아 사는 삶이 되길
바라고 바라는 곰탱이 춤이로세

나는 바보

나는 바보다 나는 바보야
역지사지 알다보니 바보가 되었네
그렇지만 내 주위는 언제나 웃음이 있고
나눔이 있어 행복하다네
나는 나는 그런 바보야
나는 나는 그런 바보야

즐겁게 살자

나를 찾아 행복을 찾아
내면 향한 명상으로 비춰보며
오늘도 최선을 다한 하루해가 져가네
노을빛 곱게 물이 들고 내 꿈도 이뤄져간다
생각만 하여도 보람찬 미소를 짓는다
세상만사 별것이더냐
서로서로 도와가며 살면서
틈틈이 내면 향한 명상으로
몸 건강 마음 건강 챙기며 사노라면
참나 깨친 박장대소도 짓고
세상 고별 마음대로 하는 날도 있을 걸세
그런 날을 기대하며 일하고 명상하며
하루하루 즐겁게 살자

 미련 곰탱이

나는 나를 모르는 곰탱이 곰탱이 미련 곰탱이
나라는 나를 보고 듣는 그거라고 보여주듯 일러줌에
동문서답 일관하는 곰탱이 곰탱이 미련 곰탱이
그러므로 성현들의 천하태평 무릉도원 못 누리고
고생고생 살아가는 곰탱이 곰탱이 미련 곰탱이
그런 삶을 면하려면 나라는 나를 깨달아라
자상하게 이끈 말씀 이행 못한 곰탱이 곰탱이 미련 곰탱이
귀천 없이 이끌어서 선 자리가 안양낙원 되게 하신
말씀을 이행 못한 곰탱이 곰탱이 미련 곰탱이
궁전 낙을 저버리시고 고행 수도 다하셔서
나란 나를 깨침으로 영생의 낙원으로 이끄셨네
이 기회를 놓친다면 다시 만나기 어려웁고 어려우니
칠야삼경 봉화 같은 그 지혜의 광명 받아
각자 것이 되게 하란 그 말씀을
실행 못한 곰탱이 곰탱이 미련 곰탱이
그 지혜의 이끔 받아 각자 경지 이러-히 되는 날엔
백사 만사 무엇이든 뜻대로 이뤄진다 권한 말씀
실행 못한 곰탱이 곰탱이 미련 곰탱이
눈앞의 그 작은 것 쫓다가 영원한 삶의 낙 놓치지 않으려면
나란 나를 꼭 깨달으란 귀한 말씀
실행 못한 곰탱이 곰탱이 미련 곰탱이
금구 성언 귀담아듣지 않고 흘려듣다간
백 년도 못 채운 후회막심 삶 되리니
새겨듣고 새겨들어 실천하란 그 말씀
실행 못한 곰탱이 곰탱이 미련 곰탱이
실천하여 깨닫고 박장대소 하는 날엔
삼세 성현 모두모두와 곰탱이 곰탱이가
누리 안은 광명 놓네 누리 안은 광명 놓아 삼창을 할 거라네

도서출판 문젠(Moonzen Press)의 책들

출간 도서

- 바로보인 전등록 전 5권
- 바로보인 무문관
- 바로보인 벽암록
- 바로보인 천부경·교화경·치화경
- 바로보인 금강경
- 세월을 북채로 세상을 북삼아
- 영원한 현실
- 바로보인 신심명
- 바로보인 환단고기 전 5권
- 바로보인 선문염송 전 30권
- 앞뜰에 국화꽃 곱고 북산에 첫눈 희다
- 바로보인 증도가
- 바로보인 반야심경
- 선을 묻는 그대에게 1·2
- 바로보인 선가귀감
- 바로보인 법융선사 심명
- 주머니 속의 심경
- 바로보인 법성게
- 달다 -전강 대선사 법어집
- 기우목동가
- 초발심자경문
- 방거사어록
- 실증설
- 하택신회대사 현종기
- 불조정맥 - 한·영·중 3개국어판
- 바른 불자가 됩시다
- 누구나 궁금한 33가지
- 108진참회문 - 한·영·중 3개국어판
- 달마의 일할도 허락지 않는다
- 마음대로 앉아 죽고 서서 죽고
- 화두 3개국어판 - 한·영·중
- 바로보인 간당론
- 완전한 우리말 불공예식법
- 바로보인 유마경
- 실증설 5개국어판 - 한·영·불·서·중
- 누구나 궁금한 33가지 3개국어판 - 한·영·중
- 달마의 일할도 허락지 않는다 3개국어판 - 한·영·중
- 법성게 3개국어판 - 한·영·중
- 정법의 원류
- 바로보인 도가귀감
- 바로보인 유가귀감
- 화엄경 81권
- 바로보인 전등록 전 30권

출간예정 도서

- 바로보인 능엄경 제6권
- 바로보인 원각경
- 바로보인 육조단경
- 바로보인 대전화상주 심경
- 바로보인 위앙록
- 해동전등록 전 10권
- 말 밖의 말
- 언어의 향기
- 농선 대원 선사 선송집
- 진리와 과학의 만남
- 바로보인 5대 종교
- 금강경 야부송과 대원선사 토끼뿔
- 선재동자 참알 오십삼선지식
- 경봉선사 혜암선사 법을 들어 설하다
- 십현담 주해
- 불교대전
- 태고보우선사 어록

1. 바로보인 전등록 (전30권을 5권으로)

7불과 역대 조사의 말씀이 1,700공안으로 집대성되어 있는 선종 최고의 고전으로, 깨달음의 정수가 살아 숨쉬도록 새롭게 번역되었다.
464, 464, 472, 448, 432쪽.
각권 18,000원

2. 바로보인 무문관

황룡 무문 혜개 선사가 저술한 공안집으로 전등록, 선문염송, 벽암록 등과 함께 손꼽히는 선문의 명저이다. 본칙 48개와 무문 선사의 평창과 송, 여기에 역저자인 대원선사의 도움말과 시송으로 생명과 같은 선문의 진수를 맛보여 주고 있다.
272쪽. 12,000원

3. 바로보인 벽암록

설두 선사의 설두송고를 원오 극근 선사가 수행자에게 제창한 것이 벽암록이다.
이 책은 본칙과 설두 선사의 송, 대원선사의 도움말과 시송으로 이루어져, 벽암록을 오늘에 맞게 바로 보이고 있다.
456쪽. 15,000원

4. 바로보인 천부경

우리 민족 최고(最古)의 경전 천부경을 깨달음의 책으로 새롭게 바로 보였다. 이 책에는 81권의 화엄경을 81자에 함축한 듯한 천부경과, 교화경, 치화경의 내용이 함께 담겨 있으며, 역저자인 대원선사가 도움말, 토끼뿔, 거북털 등으로 손쉽게 닦아 증득하는 문을 열어 놓고 있다.
432쪽. 15,000원

5. 바로보인 금강경

대원선사의 『바로보인 금강경』은 국내 최초로 독창적인 과목을 내어 부처님과 수보리 존자의 대화 이면의 숨은 뜻을 드러내고, 자문과 시송으로 본문의 핵심을 꿰뚫어 밝혀, 금강경 전체를 손바닥 안의 겨자씨를 보듯 설파하고 있다.
488쪽. 15,000원

6. 세월을 북채로 세상을 북삼아

대원선사의 선시가 담긴 선시화집 『세월을 북채로 세상을 북삼아』는 선과 시와 그림이 정상에서 만나 어우러진 한바탕이다.
선의 세계를 누리는 불가사의한 일상의 노래, 법열의 환희로 취한 어깨춤과 같은 선시가 생생하고 눈부시게 내면의 소리로 흐른다.
180쪽. 15,000원

7. 영원한 현실

애매모호한 구석이 없이 밝고 명쾌하여, 너무도 분명함에 오히려 그 깊이를 헤아리기 어려운, 대원선사의 주옥같은 법문을 모아 놓은 법문집이다.
400쪽. 15,000원

8. 바로보인 신심명

신심명은 양끝을 들어 양끝을 쓸어버리는, 40대치법으로 이루어진, 3조 승찬 대사의 게송이다. 이를 대원선사가 바로 번역하는 것은 물론, 주해, 게송, 법문을 더해 통쾌하게 회통하고 자유자재 농한 것이 이 『바로보인 신심명』이다.
296쪽. 10,000원

9. 바로보인 환단고기 (전5권)

『바로보인 환단고기』 1권은 민족정신의 정수인 환단고기의 진리를 총정리하여 출간하였다. 2권에는 역사총론과 태초에서 배달국까지 역사가 실려 있으며, 3권은 단군조선, 4권은 북부여에서부터 고려까지의 역사가 실려 있다. 5권에는 역사를 증명하는 부록과 함께 환단고기 원문을 실었다. 344 · 368 · 264 · 352 · 344쪽. 각권 12,000원

10. 바로보인 선문염송 (전30권)

선문염송은 세계최대의 공안집이다. 전 공안을 망라하다시피 했기에 불조의 법 쓰는 바를 손바닥 들여다보듯 하지 않고는 제대로 번역할 수 없다. 대원선사는 전 공안을 바로 참구할 수 있게끔 번역하고 각 칙마다 일러보였다. 352 368 344 352 360 360 400 440 376 392 384 428 410 380 368 434 400 404 406 440 424 460 472 456 504 528 488 488 480 512쪽. 각권 15,000원

11. 앞뜰에 국화꽃 곱고 북산에 첫눈 희다

대원선사의 선문답집으로 전강 · 경봉 · 숭산 · 묵산 선사와의 명쾌한 문답을 실었으며, 중앙일보의 〈한국불교의 큰스님 선문답〉 열 분의 기사와 기자의 질문에 대한 대원선사의 별답을 함께 실었다.
200쪽. 5,000원

12. 바로보인 증도가

선종사에 사라지지 않을 발자취로 남은 영가 선사의 증도가를 대원선사가 번역하고 법문과 송을 더하였다. 자비의 방편인 증도가의 말씀을 하나하나 쳐가는 선사의 일갈이야말로 영가 선사의 본 의중과 일치하여 부합하는 것이라 아니할 수 없다.
376쪽. 10,000원

13. 바로보인 반야심경

이 시대의 야부(冶父)선사, 대원선사가 최초로 반야심경에 과목을 붙여 반야심경 내면에 흐르는 뜻을 밀밀하게 밝혀놓고 거침없는 송으로 들어보였다.
264쪽. 10,000원

14. 선(禪)을 묻는 그대에게 (전10권 중 2권)

대원선사의 선수행에 대한 문답집.

깨달아 사무친 경지에 대한 밀밀한 점검과, 오후보림에 대한 구체적인 수행법 제시와, 최초의 무명과 우주생성의 원리까지 낱낱이 설한 법문이 담겨 있다.
 280쪽, 272쪽. 각권 15,000원

15. 바로보인 선가귀감

선가귀감은 깨닫고 닦아가는 비법이 고스란히 전수되어 있는 선가의 거울이라 할 만하다. 더욱이 바로보인 선가귀감은 매 소절마다 대원선사의 시송이 화살을 과녁에 적중시키듯 역대 조사와 서산대사의 의중을 꿰뚫어 보석처럼 빛나고 있다.
 352쪽. 15,000원

16. 바로보인 법융선사 심명

심명 99절의 한 소절, 한 소절이 이름 그대로 마음에 새겨두어야 할 자비광명들이다.
이 심명은 언어와 문자이면서 언어와 문자를 초월한 일상을 영위하게 하는 주옥같은 법문이다.
 278쪽. 12,000원

17. 주머니 속의 심경

반야심경은 부처님이 설하신 경 중에서도 절제된 경으로 으뜸가는 경이다. 대원선사의 선송(禪頌)도 그 뜻을 따라 간략하나 선의 풍미를 한껏 담고 있다. 하루에 한 소절씩을 읽고 참구한다면 선 수행의 지름길이 될 것이다.
 84쪽. 5,000원

18. 바로보인 법성게

법성게는 한마디로 화엄경의 핵심부를 온통 휜출히 드러내놓은 게송이다. 짧은 글 속에 일체의 법을 이렇게 통렬하게 담아놓은 법문도 드물 것이다.
이렇게 함축된 법성게 법문을 대원선사가 속속들이 밀밀하게 설해놓았다.
176쪽. 10,000원

19. 달다 - 전강 대선사 법어집

이제는 전설이 된 한국 근대선의 거목인 전강 선사님의 최상승법과 예리한 지혜, 선기로 넘쳤던 삶이 생생하게 담겨 있는 전강 대선사 법어집〈달다〉!
전강 대선사님의 인가 제자인 대원선사가 전강 대선사님의 법거량과 법문, 일화를 재조명하여 보였다.
368쪽. 15,000원

20. 기우목동가

그 뜻이 심오하여 번역하기 어려웠던 말계 지은 선사의 기우목동가!
대원선사가 바른 뜻이 드러나도록 번역하고, 간결한 결문과 주옥같은 선송으로 다시 보였다.
 146쪽. 10,000원

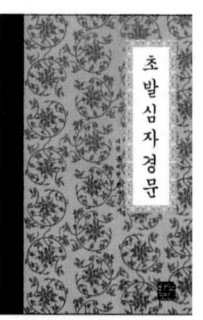

21. 초발심자경문

이 초발심자경문은 한문을 새기는 힘인 문리를 터득하게 하기 위하여 일부러 의역하지 않고 직역하였다. 대원선사의 살아있는 수행지침도 실려 있다.
266쪽. 10,000원

22. 방거사어록

방거사어록은 선의 일상, 선의 누림을 보여주는 대표적인 선문이다. 역저자인 대원선사는 방거사어록의 문답을 '본연의 바탕에서 꽃피우는 일상의 함'이라 말하고 있다. 법의 흔적마저 없는 문답의 경지를 온전하게 드러내 놓은 번역과, 방거사와 호흡을 함께 하는 듯한 '토끼뿔'이 실려 있다.
306쪽. 15,000원

23. 실증설

이 책은 대원선사가 2010년 2월 14일 구정을 맞이하여 불자들에게 불법의 참뜻을 보이기 위해 홀연히 펜을 들어 일시에 써내려간 법문을 모태로 하였다. 실증한 이가 아니고는 설파할 수 없는 성품의 이치를 자문자답과 사제간의 문답을 통해 1, 2, 3부로 나눠 실증하여 보이고 있다.
224쪽. 10,000원

24. 하택신회대사 현종기

육조대사의 법이 중국천하에 우뚝하도록 한 장본인, 하택신회대사의 현종기. 세간에 지해종도(知解宗徒)로 알려져 있는 편견을 불식시키는 뛰어난 깨달음의 경지가 여기에 담겨있다. 대원선사가 하택신회대사의 실경지를 드러내고 바로보임으로써 빛냈다.
232쪽. 10,000원

25. 불조정맥 – 韓·英·中 3개국어판

석가모니불로부터 현 78대에 이르기까지 불조정맥진영(佛祖正脈眞影)과 정맥전법게(正脈傳法偈)를 온전하게 갖춘 최초의 불조정맥서. 대원선사가 다년간 수집, 정리하여 기도와 관조 끝에 완성한 『불조정맥』을 3개 국어로 완역하였다.
216쪽. 20,000원

26. 바른 불자가 됩시다

참된 발심을 하여 바른 신앙, 바른 수행을 하고자 해도, 그 기준을 알지 못해 방황하는 불자님들을 위해 불법의 바른 길잡이 역할을 하도록 대원선사가 집필하여 출간하였다.
162쪽. 10,000원

27. 누구나 궁금한 33가지

21세기의 인류를 위해 모든 이들이 가장 어렵고 궁금해 하는 문제, 삶과 죽음, 종교와 진리에 대한 바른 지표를 제시하고자 대원선사가 집필하여 출간하였다.
180쪽. 10,000원

28. 108진참회문 – 韓·英·中 3개국어판

전생의 모든 악연들이 사라져 장애가 없어지고, 소망하는 삶을 살게 하기 위해 대원선사가 10계를 위주로 구성한 108 항목의 참회문이다. 한 대목마다 1배를 하여 108배를 실천할 것을 권한다.
170쪽. 15,000원

29. 달마의 일할도 허락지 않는다

대원선사의 짧고 명쾌한 법문집.
책을 잡는 순간 달마의 일할도 허락지 않는 선기와 맞닥뜨리게 될 것이다. 때로는 하늘을 찌를 듯한 기세와, 때로는 흔적 없는 공기와도 같은 향기를 일별하기를…
190쪽. 10,000원

30. 마음대로 앉아 죽고 서서 죽고

생사를 자재한 분들의 앉아서 열반하고 서서 열반한 내력은 물론 그분들의 생애와 법까지 일목요연하게 수록해놓았다.
446쪽. 15,000원

31. 화두 3개국어판 - 韓·英·中

『화두』는 대원선사의 평생 선문답의 결정판이다. 생생하게 살아있는 선(禪)을 한·영·중 3개국어로 만날 수 있다. 특히 대원선사의 짧은 일대기가 실려 있어 그 선풍을 음미하는 데에 큰 도움을 주고 있다.
440쪽. 15,000원

32. 바로보인 간당론

법문하는 이가 법리를 모르고 주장자를 치는 것을 눈먼 주장자라 한다. 법좌에 올라 주장자 쓰는 이들을 위해서 대원선사가 간당론에서 선리(禪理)만을 취하여 『바로보인 간당론』을 출간하였다.
218쪽. 20,000원

33. 완전한 우리말 불공예식법

부처님께 공양을 올리고 불보살님의 가피를 구하는 예법 등을 총칭하여 불공예식법이라 한다. 대원선사가 이러한 불공예식의 본뜻을 살려서 완전한 우리말본 불공예식법을 출간하였다.
456쪽. 38,000원

34. 바로보인 유마경

유마경은 불법의 최정점을 찍는 경전이라 할 것이니, 불보살님이 교화하는 경지에서의 깨달음의 실경과 신통자재한 방편행을 보여주는 최상승 경전이다. 대원선사가 〈대원선사 토끼뿔〉로 이 유마경에 걸맞는 최상승법을 이 시대에 다시금 드날렸다.
568쪽. 20,000원

35. 실증설
5개국어판 - 韓·英·佛·西·中

대원선사가 불법의 참뜻을 보이기 위해 홀연히 펜을 들어 일시에 써내려간 실증설! 실증한 이가 아니고는 설파할 수 없는 도리로 가득한 이 책이 드디어 영어, 불어, 스페인어, 중국어를 더하여 5개국어로 편찬되었다.
860쪽. 25,000원

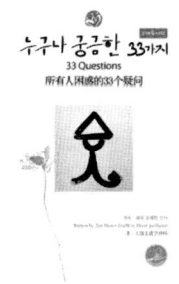

36. 누구나 궁금한 33가지
3개국어판 - 韓·英·中

누구라도 풀어야 할 숙제인 33가지의 의문에 대한 답을 21세기의 현대인에게 맞는 비유와 인이로 되살린 『누구나 궁금한 33가지』가 한글, 영어, 중국어 3개국어로 출간되었다.
408쪽. 15,000원

37. 달마의 일할도 허락지 않는다
3개국어판 - 韓·英·中

대원선사의 짧고 명쾌한 법문집인 『달마의 일할 허락지 않는다』가 한글, 영어, 중국어 3개국어로 출간되었다. 전세계에서 유일하게 활선의 가풍이 이어지고 있는 한국, 그 가운데에서도 불조의 정맥을 이은 대원선사가 살활자재한 법문을 세계로 전하고 있는 책이다.
308쪽. 15,000원

38. 화엄경 (전81권)

대원선사는 선문염송 30권, 전등록 30권을 모두 역해하여 세계 최초로 1,463칙 전 공안에 착어하였다. 이러한 안목으로 대천세계를 손바닥의 겨자씨 들여다보듯 하신 불보살님들의 지혜와 신통으로 누리는 불가사의한 화엄세계를 열어 보였다.
220쪽. 각권 15,000원

39. 법성게 3개국어판 - 韓·英·中

법성게는 한마디로 화엄경의 핵심부를 훤출히 드러내 놓은 게송으로 짧은 글 속에 일체 법을 고스란히 담아 놓았다. 대원선사의 통쾌한 법성게 법문이 한영중 3개 국어로 출간되었다.
376쪽. 15,000원

40. 정법의 원류

『정법의 원류』는 불조정맥을 이은 정맥선원의 소개서이다. 정맥선원은 불조정맥 제77조 조계종 전강 대선사의 인가 제자인 대원 전법선사가 주재하는 도량이다. 『정법의 원류』를 통해 정맥선원 대원선사의 정맥을 이은 법과 지도방편을 만날 수 있다.
444쪽. 20,000원

41. 바로보인 도가귀감

도가귀감은, 온통인 마음[一物]을 밝혀 회복함으로써, 생사를 비롯한 모든 아픔과 고를 여의어, 뜻과 같이 누려서 살게 하고자 한 도교의 뜻을, 서산대사가 밝혀놓은 책이다. 대원선사가 부록으로 도덕경의 중대한 대목을 더하고, 그 대목대목마다 결문(決文)하였다.
218쪽. 12,000원

42. 바로보인 유가귀감

유가귀감은 서산대사가 간추려놓은 구절로서, 간결하지만 심오하기 그지없으니, 간략한 구절 속에서 유교사상을 미루어볼 수 있게 하였다. 대원선사가 그 뜻이 잘 드러나게 번역하고 그 대목대목마다 결문(決文)하였다.
236쪽. 15,000원

43. 바로보인 전등록 (전30권)

7불로부터 52세대까지 1,701명 선지식의 깨달음의 진수가 담긴 전등록 30권에 농선 대원 선사가 선리(禪理)의 토끼뿔을 더해 닦아 증득하는데 도움이 되도록 하였다.
288쪽. 각권 15,000원

농선 대원 선사 법문 mp3 주문 판매

* 천부경 : 15,000원
* 신심명 : 30,000원
* 현종기 : 65,000원
* 기우목동가 : 75,000원
* 반야심경 : 1회당 5,000원 (총 32회)
* 선가귀감 : 1회당 5,000원 (총 80회)

* 금강경 : 40,000원
* 법성게 : 10,000원
* 법융선사 심명 : 100,000원

농선 대원 선사 작사 CD 주문 판매

* 가슴으로 부르는 불심의 노래 1,2,3집
  각 : 1만 5천원
* 유튜브에서 채널 구독하시고 무료로
  찬불가 앨범을 감상하세요

주문 문의 ☎ 031-534-3373

유튜브에서 채널 구독하시고
무료로 찬불가 앨범을 감상하세요

유튜브에서 MOONZEN을 검색하시거나
아래의 주소로 접속해주세요

http://www.youtube.com/user/officialMOONZEN